英語学を学ぼう
英語学の知見を英語学習に活かす

開拓社
言語・文化選書
69

英語学を学ぼう

英語学の知見を英語学習に活かす

高橋勝忠 著

開拓社

は　し　が　き

　英語学概論の授業をこれまで約25年間，担当してきました。当初，学生たちの反応が曖昧で，こちらの話を理解しているのかどうかも十分に把握できませんでした。英語学の領域は英語史・形態論・言語習得・統語論・意味論・音韻論・語用論・英語教育など多種多様な範囲に亘り，それぞれの分野について詳しく述べて行けば1年間かかるほどの内容を含んでいます。どのような項目内容に絞り解説していくかが難しいところです。たとえば，統語論で文の構造を説明するのに樹形図を描くと学生たちは斬新な構造に興味をもち，修得して描いてみたい気持ちは伝わってきますが，数回の授業ではなかなか理解が及ばないものです。

　講義はともすれば一方通行になりがちです。そこで思いついたのが学生たちにアンケートを取り，理解度と興味度を確認しながら講義をするスタイルです。具体的には，理解度と興味度の表を作り，授業の終わり頃に記入させ，また理解したことや理解できなかったことをまとめ，質問やコメントがあれば書いて提出させます。翌週の授業では，理解できなかった箇所の復習と個別の質問やコメントに回答をします。100人を超えるクラスサイズになると，コメント用紙を読み，疑問点を整理する下準備だけで少なくとも2時間以上は費やすことになりますが，繰り返すうちに手ごたえは十分に感じました。

　拙著『英語学セミナー』（2001）ではそのような方針で取り組んできました（具体的には拙著（2001）をご覧ください）。本書はその精神を残しつつ，さらに一歩進んだ方法を取り入れて解説したいと考えています。具体的には，英語学の各領域を紹介する方法として，これまでのように各領域の用語や概念を詳細に説明するのではなく，難しい概念や専門用語はできるだけ避け，「英語学とは何か」

v

をわかりやすく簡潔に解説します。拙著『第2版　英語学基礎講義』(2013) の内容を踏襲しつつ，新たに書き加えて，全体を構成しています。歴史的事実や言語的事実を大切にし，各領域に関する基本的な概念は押えながら言語の仕組み・規則性を解説します。また，各節の初めに Keywords を書きました。その節のポイントであり，その箇所を押えていただくと全体の流れが理解できるように構成されています。

　練習問題を付け，提示した内容を実際に確認する時間をとります。言語の背後にある規則性が言語事象を説明するのに実際に当てはめられるのかどうか，問題点は無いのかどうかを見極めながら思考する時間です。可能であればインターネットでコーパス (e.g. COCA や BNC) を分析し，そこから新しいアイデアを生み出し，レポートや卒業論文の形でまとめられることができれば望外の喜びです。

　本書は，英語学の授業を担当される先生方をはじめ，学校での英語教育に携わっておられる（おられた）先生方，将来英語教師を目指す方々，一般の言語に興味をもたれる方々等を読者対象にしています。言葉足らずのところや不適切な箇所もあると思われますのでお気づきの点などご指摘・ご教授いただければ幸いです。

　本書の作成には多くの先行研究論文や研究書や教科書（テキスト）にお世話になっています。巻末の主要参考文献に載せていないものも含まれます。また所属する学会や研究会 (KLP) のメンバーの発表から得た知識や，京都女子大学文学部英文学科，並びに（発達）教育学部教育学科の学生諸君の積極的な意見や情報の提供がとても有益でした。本書の作成に少なからず影響を与えています。ここに記して感謝申し上げます。

　本書を完成するにあたり，快く例文のネイティブチェックをお引き受けいただいた京都女子大学の Marianne Kimura 氏と John Campbell-Larsen 氏のお二人に感謝致します。また，本書（原稿）に目を通し，丁寧にコメントを書いて下さった福田稔氏（宮崎公立大学）は『英語学セミナー』の共著者の畏友ですが，大変お世話に

なりました。

　最後になりましたが，本書執筆の機会と校正の助言をご提供いただきました開拓社の編集部の皆様，並びに川田賢氏に心より感謝申し上げます。

　　2017 年 3 月 31 日
　　　希望ヶ丘にて

　　　　　　　　　　　　　　　　　　　　　高橋　勝忠

本書の活用の仕方

　英語学 (English linguistics) とは何か。簡単に説明すると英語という言語の構造や意味を分析する学問分野ということになります。世界には英語以外の言語があるので，英語以外の日本語やフランス語にも日本語学やフランス語学という学問分野が存在します。本書では主として英語の言語を分析しますが，日本語も比較しながら紹介するページや日本語学の内容も一部含みます。

　英語学の分野には広く捉えると英語史・形態論・言語習得・統語論・意味論・音韻論・語用論・英語教育などさまざまな領域があります。それぞれの分野には英語学習者が知っておくと英語を理解する上で非常に役立つ便利な情報や事実があり，先行する研究論文や著作によってこれまでさまざまな形で紹介されてきました。その中でも言語の本質を説明する原理・原則は理論的には難しい分析を強いることになりますが，結果として出てきた規則性や解釈理論は英語を学ぶ上で私たちに英語を考えるヒントや理解を与えてくれます。

　『英語学を学ぼう——英語学の知見を英語学習に活かす——』では英語学のそれぞれの学問領域を簡潔に紹介しながら，これまで提案されてきた言語の規則性をわかりやすく解説します。英語学習者が興味をもつと思われるテーマに絞って，論点を整理していきます。具体的には，次のような内容を含みます。

1. 「英語学にはどんな分野があるのか」各研究分野の簡単な紹介（第 1 章）
2. 「英語学の醍醐味とは」「英語学の研究方法とは」（第 2 章）
3. 英語史・形態論・言語習得・統語論・意味論・音韻論・語用論・英語教育の 8 つの英語学領域に関するトピックスの解説（第 3 章から第 10 章）

4. 形態論の応用と展開（第 11 章）

5. Keywords：章全体の流れとポイントの記述（第 2 章から第 11 章）

6. 主要参考文献と Further Readings（FR）の提示（巻末）

7. 練習問題による内容の確認と発展（第 2 章から第 10 章）

8. なお，練習問題の解答は，開拓社の下記 URL よりダウンロードの上，確認いただきたい。

   http://www.kaitakusha.co.jp/book/book.php?c=2569

　第 1 章と第 2 章を最初にお読みください。そのあと第 3 章から第 10 章までは 5.3 節の言語習得と 6.1 節の統語論の内容に関して少し相互の関連性がありますが，いずれの章から読み始めていただいても構いません。第 11 章は応用編ですから形態論の第 4 章を読んだあとにお読みください。

　各分野のテーマは個別の限られたトピックです。英語学全体の内容をカバーするには到底及びません。ただし，本論だけでも「英語学とは何か」をおおまかに掴んでいただけるものと考えています。

目　　次

はしがき　　*v*
本書の活用の仕方　　*viii*

第1章　英語学にはどんな分野があるのか ……………………… *1*

英語史（English History）*1* ／形態論（Morphology）*2* ／言語習得
（Language Acquisition）*3* ／統語論（Syntax）*3* ／意味論（Seman-
tics）*4* ／音韻論（Phonology）*5* ／語用論（Pragmatics）*5* ／英語教
育（English Education）*6* ／心理言語学（Psycholinguisitics）*6* ／脳
科学（Brain Science）*7* ／社会言語学（Sociolinguistics）*7* ／方言学
（Dialectology）*7* ／文献学（Philology）*7*

第2章　英語学の醍醐味と研究方法 ……………………………… *8*

2.1.　英語学の醍醐味とは　　*8*
2.2.　英語学の研究方法とは　　*15*

第3章　英語史 ……………………………………………………… *23*

3.1.　英語はどこから来たのか　　*23*
3.2.　デーン人とノルマン人の攻撃　　*27*

第4章　形態論 ……………………………………………………… *32*

4.1.　ゴジラはゴリラと鯨の混成語　　*32*
4.2.　ライスカレーとカレーライスの違い　　*36*

4.3. 京都女子大学は京都・女子大学か京都女子・大学のどちら　*40*

4.4. 派生と屈折の違い　*44*

第5章　言語習得 ……………………………………………… *48*

5.1. 母語獲得における母語知識とは何か　*48*

5.2. 幼児の範疇理解と構造の関係　*52*

5.3. 人間の頭の中に普遍文法がある　*55*

5.4. 第二言語習得と動機づけ　*60*

5.5. 第二言語習得研究を活かした英語学習法について　*63*

第6章　統語論 ……………………………………………… *69*

6.1. 文の生成過程とは　*69*

6.2. 助動詞の構造　*77*

6.3. 助動詞縮約　*82*

6.4. Wh 移動と痕跡　*86*

6.5. 代名詞解釈と言語直観　*89*

第7章　意味論 ……………………………………………… *95*

7.1. 「中身」と「入れ物」の文法　*95*

7.2. 「スル」と「ナル」の文法　*99*

7.3. アスペクトと進行形　*104*

7.4. 時制と現在完了形と過去形の関係　*108*

7.5. 自動詞と他動詞の違いは何　*112*

7.6. 「押した」と「押し出した」の違いは何　*116*

第8章　音韻論 ……………………………………………… *122*

8.1. シラブルとモーラ　*122*

8.2. 連濁の不思議　*126*

8.3. オノマトペとサ変動詞「する」の関係　*129*

8.4. 語彙音韻論の問題　*133*

第9章　語用論 ………………………………………… *139*

9.1. 英語では「とうとう試験に落ちた」と言えないのはなぜ　*139*

9.2. 「行き来する」が come and go となるのはなぜ　*143*

9.3. 情報のなわばり理論について　*147*

9.4. 発話行為　*152*

第10章　英語教育と英語学習 …………………………… *157*

10.1. 英語教育に必要な構造の理解　*157*

10.2. 単文，重文，複文の理解　*163*

10.3. 中学校における be 動詞の教え方　*170*

10.4. be 動詞理解のための主語 NP と助動詞における生成文法の
応用　*175*

第11章　形態論の応用と展開 …………………………… *179*

11.1. 派生語形成の一般化　*179*

11.2. 語形成規則と名詞範疇条件・形容詞範疇条件の応用　*187*

11.3. 「～っぽさ」と X-ishness の関係　*195*

11.4. 「陰干しする」と「*布団干しする」の違い　*198*

あとがき ……………………………………………… *204*

参考文献 ……………………………………………… *206*

索　　引 ……………………………………………… *219*

第1章　英語学にはどんな分野があるのか

　高等学校までに習わなかった科目として，大学では英語学という科目があります。この科目は英語教員を目指す人たちにとって重要な意味をもちます。英語学は教職における法定規定科目として必須科目ですから，英語教員の免許状取得には必要なものになります。

　さて，英語学の分野には本書で紹介する英語史・形態論・言語習得・統語論・意味論・音韻論・語用論・英語教育以外にも，心理言語学や脳科学や社会言語学，さらには方言学，文献学などがあります。以下，簡潔にこれらの分野について述べたいと思います。

英語史 (English History)

　英語の語彙・音韻・文法などある時代の歴史的事実について述べる共時的な研究と，通時から共時への歴史的変遷を述べる比較言語学的なものがあります。初期近代英語の代表作家として Shakespear が挙げられますが，Shakespear の作品の言語体系を共時的に研究すれば共時的英語学 (Synchronic English Linguistics) という分野になります。たとえば，主語・助動詞倒置（6.2 節参照）という現象が生じる前に動詞移動があったという事実 (e.g. Saw you my master? cf. Did you see my master?) について，Shakespear の作品を通じて記述的，体系的に示すことができます。一方，なぜ現代英語

1

2

では動詞移動の現象がなくなり，助動詞の do をサポートする表現になったのかを初期近代英語と現代英語を比較しながらその変遷を研究すれば通時的英語学（Diachronic English Linguistics）という分野になります。

　本書では，歴史的に英語がイギリスに到来する背景や，古英語・中英語・初期近代英語の時代区分と共に他言語がどのように英語に借用されるかの変遷を述べます（3.1 節，3.2 節）。

形態論（Morphology）

　語より小さな単位である形態素の接辞と単純語が結合する派生語（e.g. kindness, unkind）や屈折語（e.g. boys, liked, taller, tallest），単純語と単純語が結合する複合語（e.g. book case, red box）を対象に研究します。派生形態論と屈折形態論の二つの領域があります。派生語や複合語の語形成規則の確立や，統語論や音韻論とのインターフェイス（e.g. 継承や第 1 姉妹の原則，語強勢や連濁）を探ります。意味的には文法化の問題や語彙化の問題も含まれます。

　本書では，混成語や省略語の実例と共に，両語の形成過程の違いを述べます（4.1 節）。派生語や複合語には右側主要部の規則（right-hand head rule）や IS A 条件（IS A Condition）という，語を捉える上で便利な規則や条件があります。これらの規則や条件を理解していると品詞の予測や，意味を予測することが可能になります（4.2 節）。派生語は基体に接辞を付加して生成されますが，その形成過程には(厳密)下位範疇化素性という接辞が付加される環境を示したものがレキシコン（lexicon, 形態論で仮定する辞書のこと）の中にあります。たとえば，-ness は形容詞の基体に付加されるといった情報です。基体と接辞の横の関係だけではなく，縦の関係も重要であることを述べます（4.3 節）。派生と屈折はどのように区別するのか接辞の考察を通して述べます（4.4 節）。派生語の語形成過程を説明するのは一筋縄では行きませんが，第 11 章では高橋（2009）の分析を紹介し，名詞範疇条件（の含意）や形容詞範疇条件（の含意）に

よって，日英語の派生語・複合語の形成過程が捉えられることを具体的に検証し，その応用と発展を試みます。

言語習得 (Language Acquisition)

　第一言語習得と第二言語習得 (second language acquisition, SLA) の二つがあります。第一言語習得は母語獲得のことで幼児は4〜5歳ごろにはことばを習得します。第一言語習得には生成文法のように普遍文法の機能がアプリオリに存在するという立場と，後天的に学習されるという立場があります。前者は原理とパラメータの観点から母語獲得を研究します。第二言語習得は母語以外の言語を習得する過程を研究する分野です。最近，小学校に英語が導入され，英語の教授法として第二言語習得論の研究が盛んです。

　本書では，母語はどのように獲得されるのか，母語知識とは何かについて生成文法の観点から考察します (5.1節)。母語獲得の一つに，品詞 (＝範疇) の獲得があります。幼児は品詞の理解を文の構造の中で直観的に理解することを示します (5.2節)。人間は先天的に普遍文法 (universal grammmar, UG) をもって生まれてきます。その普遍文法の証拠として日英語の主要部と補部の関係を構造的に示します (5.3節)。第二言語習得は教室環境で習得される「指導を受けた第2言語習得」(instructed SLA) と「生活の中で自然に身につける第2言語習得」(natural SLA) の二つに分けて考えることができます。どちらにもよく似た習得過程が存在しますが，前者の場合は動機づけが大切であることを述べます (5.4節)。SLA を活かす方法として Krashen のインプット仮説や Swain のアウトプットの効用を紹介し，どのような英語学習法が良いかを模索します (5.5節)。

統語論 (Syntax)

　文の構造，機能，制約など文に関係する事象を扱う分野です。具体的には，語順や語の結合関係を考えます。形態論のところで言及したように語の内部構造を捉えると形態論や音韻論とのインター

フェイスがあります。

　本書では，文の構造理解に必要な基本的な樹形図の書き方を習得します。文の構成要素は語ですから，語がどのように句から文を形成するのか，その過程を見ます（6.1 節）。文を形成するのに必要な時制がどのように助動詞（Auxuiliary）体系の中で規定されるのかを検討します（6.2 節）。助動詞縮約（Auxiliary Reduction）という現象とその制約について考察します（6.3 節）。文の要素が移動する際に，どのような構造的制約が働くか，wh 移動の制約とその痕跡との関係を考察します（6.4 節）。代名詞と先行詞の関係を「先行」と「統御」という関係で捉えます。英語話者の言語直観の差をこれらの概念により説明することが可能です（6.5 節）。

意味論（Semantics）

　語や文を含めてことばの意味を考えると，形式的な文字と音の関係ということになります。語や文の意味を形式的に分析する形式意味論と，人間の認知や行動を経験に基づいて分析する認知意味論の研究領域があります。前者は数学的に語の分析がなされ，意味としては「＋」（そうである），「－」（そうでない）のように二項対立的に捉えられるので明瞭な解答が得られます（e.g. bachelor「未婚の男性」，[＋human]，[＋male]，[＋adult]，[－married]）。一方，認知意味論は意味というのはそれほど明確に定義されるものではないという立場をとります。たとえば，鳥というカテゴリー化においても認識に違いがあります（e.g. スズメはペンギンよりも鳥らしい）。プロトタイプと周辺という関係で意味を捉えようとします。スキーマ的意味から語彙や構文や比喩表現の多義性を説明するのに中心的意味と拡張的意味を捉えます。プロトタイプ理論は認知言語学の主流となっています。

　本書では，動詞の意味を中心に考えていきます。動詞の意味と構文の関係は第 2 章の英語学の研究方法でも紹介しますが，人間の認知を反映しているという意味で非常に興味のある分野です。形式

と意味に関係する「中身」と「入れ物」の文法を紹介し（7.1節），「スル」と「ナル」の分析で動詞の概念的な意味を捉えます（7.2節）。アスペクトと関係する進行形の意味や，時制と関係する現在完了形や過去形の意味を考察します（7.3節，7.4節）。自動詞と他動詞の違いはどこにあるのか意味的に捉えます（7.5節）。日本語の複合動詞の「押した」と「押し出した」の違いは何かなど，動詞の意味を語彙概念構造でまとめます（7.6節）。

音韻論（Phonology）

　言語音の研究には母音や子音のような具体的，分節的な発音の仕方や，語強勢・文強勢，連接，リズムやイントネーションなどの超分節的な実際の言語音を研究対象とする音声学（Phonetics）と，抽象的な音素やシラブル・モーラや連濁など語の音韻的構造関係を捉える音韻論（Phonology）があります。また，派生語の形態構造と音韻構造を連動させた語彙音韻論（Lexical Phonology）という研究領域もあります。

　本書では，日英語の音の違いを捉えるために英語の音節構造と日本語のモーラについて言及します（8.1節）。連濁（e.g. 日本＋髪（かみ）→日本髪（がみ））はなぜ生じるのか，その生成過程と諸条件について考察します（8.2節）。オノマトペの種類と「する」のサ変動詞の条件を考えます（8.3節）。語彙音韻論の捉え方を紹介し，その問題点を指摘します（8.4節）。

語用論（Pragmatics）

　語を使用する際に話し手や聞き手の観点から文や談話構造を分析する研究分野のことです。どのような視点でことばを記述するかによって表現法が異なります。円滑なコミュニケーションを図ろうとすれば，相手（聞き手）の立場を考えて敬語やその場に相応しい語を選択して丁寧に話します。ポライトネス・協調の原則・関連性理論という領域や，発話行為による間接発話行為の遂行的な意味を研

究したりする領域もあります。久野や高見による機能論 (Function-alism) と一部，重なる領域でもあります。

　本書では，文脈でよく間違って理解している at first と at last のつなぎ語の正しい用法を見ます (9.1 節)。視点という観点からハイアラーキーによる言葉の説明法や日英語の「行く」「来る」・come and go の違いを検討します (9.2 節)。話し手・聞き手にとって情報内容が近称 (proximal) か遠称 (distal) かの観点から，情報のなわ張り理論 (A Theory of Territory of Information) について考察します (9.3 節)。発話行為とは何か，発話が成立するための条件や，間接発話行為について遂行動詞との関係について論じます (9.4 節)。

英語教育 (English Education)

　英語を教える教育現場でいかに英語を指導すればよいか，具体的には発音・語彙・文法などの訓練と実践的教授法の背後にある理論的な説明をどのように関連させるか，年齢的な問題はないかなどを研究対象にしています。

　本書では，大学生の発音指導や英語の構造を提示することにより視覚的な効果で文の切れ目や接続詞の使い方が理解できることを述べます (10.1 節)。単文，重文，複文の構造を樹形図により理解する方法を示します (10.2 節)。中学校における be 動詞の理解の実態を調査した研究を紹介します (10.3 節)。be 動詞をどのように教えたら良いかについて，生成文法の立場を応用して考えます (10.4 節)。

心理言語学 (Psycholinguisitics)

　言語音や語彙の習得過程には心理的な影響が見られます。音に対する聞こえ度の違いや虹の色に対する数の違いなど文化的な違いだけではなく心理的な違いが見られます。日本語と英語の母音・子音の数の違いも心理的に影響を受けます。これらの違いを実際の発話を実験で検証し，ことばの獲得・生成の仕組みを考える研究分野です。文処理のメカニズムを解析することや，記憶と文理解の関係も

第1章　英語学にはどんな分野があるのか　　7

この分野に属します。

脳科学 (Brain Science)

　fMRI（機能的磁気共鳴画像法）によって脳の機能がわかるようになってからこの分野は革新的な進歩を遂げています。脳の活動が血液中の還元ヘモグロビンの相対量を計ることによって，言語習得過程の発達過程を説明することが可能になっています。脳の言語野（ブローカー野とウエルニッケ野）の仕組や機能を知ることにより運動性失語症と感覚性失語症との関係も脳科学によって解明されるようになってきました。

社会言語学 (Sociolinguistics)

　社会言語学は社会学，人類学をはじめとするさまざまな社会科学が扱う内容や方法論を研究対象とする分野です。実際の発話がどのようになされるのか，年齢・性別・職業などを考慮に入れ考察した発話を資料にして統計的に分析し，社会的な意義を考察します。社会地理学や人文地理学の分野にも踏み込むこともあります。社会学的言語学，人類学的言語学，あるいは地理学的言語学と言うこともできます。

方言学 (Dialectology)

　標準言語に対して非標準言語があります。いわゆる方言です。方言の研究が方言学という分野です。方言マップを作成したり，言語音の変化を捉えたり音韻・アクセントの違いも地域語として分析すれば方言学の研究領域になります。具体的には関西弁，関東弁，東北弁などの語彙や表現法の違いを検討します。

文献学 (Philology)

　文献の原典批評・解釈・成立史・出典研究を行う分野です。また，それに基づき民族や時代の文化を研究する学問分野です。

第 2 章　英語学の醍醐味と研究方法

　この章では，英語学の中身を具体的に紹介する前に英語学の面白いところはどこにあるのか，どのように研究がなされるのか英語学の醍醐味と研究方法について述べます。2.1 節では「英語学の醍醐味」について，2.2 節では「英語学の研究方法」についてです。

2.1.　英語学の醍醐味とは

Keywords: Chomsky の生成文法，母語話者の言語直観，副詞の位置と曖昧性

　英語学という科目は大学で初めて登場します。第 1 章で述べたようにさまざまな研究分野があります。筆者は大学時代に生成文法を習ったことがきっかけで高等学校では大嫌いだった英文法が好きになりました。大学院時代には統語論，主として Noam Chomsky 関連の論文を読んでいきました。その後，大学での研究生活に入り形態論や意味論関係の論文を数多く読んできました。学会や研究会に参加し，新しい提案を聞くたびに胸がわくわくし，自分も何かを見つけてみたい気持ちになりました。言語の背後にある制約や条件，さらには一歩進んで人間の本質と関わるような原理・原則を発見することは英語学の醍醐味です。そこに至るまでにはかなりの努力が必要です。データを集め，分析し，文献を読んで論点を整理し

第 2 章　英語学の醍醐味と研究方法　　9

なければなりません。

　具体的な英語学の研究方法は 2.2 節で述べることにして，本章の
2.1 節ではなぜ英語学（生成文法）に興味をもったのか生成文法の醍
醐味についてお話ししたいと思います。

　Chomsky の出発点は標準理論の枠組みを設定している *Aspects
of the Theory of Syntax* (1965) にあります。非常に難解な本です
が，訳本（安井稔（訳）(1970)『文法理論の諸相』研究社，福井直樹 (2012)
『チョムスキー 言語基礎論集』岩波書店）も出ていますのでぜひ読んで
みてください。本節ではその解説はしませんが，生成文法は標準理
論から拡大標準理論，改訂拡大標準理論，GB 理論（原理とパラメー
タのアプローチ）へと流れて発展し，現在の極小モデル（Minimalist
Program）の考え方に至っています（詳細は，田窪・稲田・中島・外池・
福井 (1998) を参照のこと）。実際のところ，理論自体は難しくフォ
ローすることができないところも沢山ありますが，生成文法の目標
自体はそれほど変化していないのが魅力です。

　Chomsky のアプローチは人間の頭の中にある言語知識（linguis-
tic knowledge）の解明にあります。言語知識は言語能力（linguistic
competence）や言語直観（linguistic intuition）と言い換えてもよ
いと思います。私たちは母語（日本語）に対する言語直観をもって
います。たとえば，助詞の「が」「は」「に」「で」の使い方を教わっ
ていないのに (1) の文における文法性，つまりその文が正しいか
どうかの判断ができます。(*) のマークはアステリスク（asterisk）
と呼びますが，当該の文が文法的に逸脱し不適格な（ill-formed）
な非文（＝非文法的な文）(ungrammatical sentence) であることを示
します。一方，(?) のマークは非文ではなく意味的に不自然という
意味で使います。したがって，別の表現（e.g.「お爺さんとお婆さん
{は／?が} 昔から仲の良い二人でした」）や，特定のコンテクスト（文脈）
を補えば可能になることもあります（e.g.「子供たちが生まれた時，私
の家にはお爺さんとお婆さん {は／が} いました」）。

10

(1) a.　昔々，御爺さんと御婆さん {?は／が} いました。彼ら {は／?が} 幸せに暮らしておりました。

　　b.　教室 {に／?で} スタッフが集まり，その部屋 {*に／で} ダンスを始めました。

　(?) のマークは言い間違いなどの言語運用（linguistic performance）の観点から議論する場合もあるでしょう。しかし，Chomsky は言語知識とは無関係な非言語的な要素は言語能力から切り離して考えます。自然な文を不自然な文にすることやその逆の可能性を考えることは容認(可能)性（acceptability）を追求することになりますが，言語能力の解明には至らない場合もあり得るということを認識しておくことは重要なことだと考えられます。生成文法は元来文法的に正しいかどうかを追求することにねらいがあり，意味的に容認できるかできないかについては当初，焦点を置いていなかったのが実情です。認知的な係わりが容認性に影響を与えるところまで射程に入れると，そこから認知意味論的な発想が生まれてきます。本書では，認知的な知見も随所に紹介しています。

　さて，話を元に戻すと (1) の日本語と同様に，英語の母語話者は (2) の不定詞の意味上の主語は誰か，(3) の代名詞や再帰代名詞の先行詞は誰を指すかを直観的に理解することができます。

(2) a.　I persuaded Mary to be there at six.

　　　（6 時にそこに行くのは Mary）

　　b.　I promised Mary to be there at six.

　　　（6 時にそこに行くのは I）

(3) a.　John thought that Tom hit him.

　　　　　　　　　　　[him = John, ≠ Tom, 第 3 者の Bill]

　　b.　John thought that Tom hit himself.

　　　　　　　　　　　[himself = Tom, ≠ John]

直観的に理解できるということは，英語の母語話者にとってこと

ばを自由に操ることができるという意味で何も問題が生じて来ないように思われますが，第2言語使用者にとってはその言語直観がどのように働いて (2) (3) の事実が捉えられるのかが非常に気になるところです。なぜならその言語知識を持ち合わせていたら母語話者と同じ直観を共有することができるからです。残念なことに，英語の母語話者に (2) (3) の言語直観がどのように働いているのかを尋ねてみても，それを研究している言語学者でない限りことばを無意識に理解しているので説明できないという答えが通常返ってきます。生成文法の醍醐味は母語の言語知識がどのようなもので，どのように獲得されるかを説明できる点にあります。

　具体的な (1) (2) (3) の事実を説明する方法は本節では述べませんが，(1a) では主題や新情報・旧情報という概念で，(1b) ではモノ名詞とデキゴト名詞（11.4 節参照）や動詞の意味の部類分けで，大方の説明は可能です。また，(2) (3) では GB 理論におけるコントロール理論や束縛理論によって説明できることだけ言及しておきます（(1a) の「は」と「が」の詳細な議論は久野 (1973)，井上 (1989) などを，(1b) の「に」と「で」については中右 (1994)，中右・西村 (1998)，野田・迫田・渋谷・小林 (2001) などを参照のこと。(2) (3) については高橋・福田 (2001) や中村・金子・菊池 (2001) などを参照のこと）。

　生成文法の醍醐味として，言語の本質が捉えられるという点が次に挙げられます。Chomsky の標準理論や GB 理論では，句構造規則や X バー理論（X-bar theory）により繰り返し的性質（e.g. Did you know that the man living downstairs thinks that the world is flat, despite the fact that he is a science teacher? (Berk (1999: 217)) を記述できる点が興味深いです（詳細は，6.1 節を参照のこと）。また，言語知識として内在する文の曖昧性と副詞の位置の関係が，構造的に樹形図という形で視覚的に捉えられる点も他の言語理論には見られない著しい特徴です。

　樹形図で形式的にわかりやすく明示することによって，人間の脳の中にある暗示的知識（implicit knowledge）を明示的知識（explicit knowledge）で示すことができるのは生成文法の一番の醍醐味ではないでしょうか。たとえば，（4）の副詞の位置による曖昧な文の解釈がどのように樹形図で捉えられるかを検討してみます。

(4)　John happily told us about her marriage.

（4）には happily が動詞句副詞（VP adverb）として「ジョンは私たちに彼女の結婚について幸せそうに話した」という様態副詞（manner adverb）の解釈と，「幸いにも，ジョンは私たちに彼女の結婚について話した」の文全体を修飾する文副詞（S adverb）の解釈があります。この二つの解釈は happily が（4）のように主語と本動詞の間に位置するときに生じますが，文頭や文末でカンマのあとに置かれる場合は曖昧性が生じなくなります。ただし，（5c）のようにカンマがなければ（4）と同じ曖昧性が生じてきます。（5a）は Happily のあとのカンマはあってもなくても文副詞の解釈しかありません。

(5) a.　Happily(,) John told us about her marriage.
　　 b.　John told us about her marriage, happily.
　　 c.　John told us about her marriage happily.

（4）（5c）において happily に曖昧な意味がなぜ生じるのでしょうか，一方（5a, b）にはその副詞の意味はなぜ曖昧ではないのでしょうか。母語話者は副詞のその意味の違いを言語知識としてもっています。したがって，直観的に曖昧な文とそうではない文を瞬時に識別することができます。英語を第二言語使用者とする私たちは副詞のこのような意味的な違いを説明されると，位置的な観点から取り敢えず理解はできるものの，なぜ文頭・文中・文尾でそのような意味の違いが生じてくるのかが疑問として残ります。
　樹形図は視覚的にその違いを見ることが可能になります。

(6)
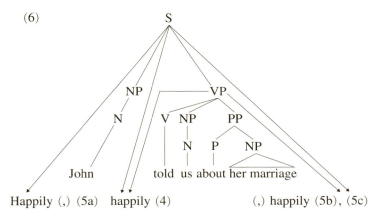

　文中の (4) の文は (6) の樹形図から明らかなように，happily が S 節点と VP 節点の両方から矢印 (→) が伸ばせることにより曖昧性が捉えられます。つまり，S 節点から伸びた線は文副詞の解釈となり，VP 節点から伸びた線は動詞句副詞になると仮定します。文頭の (5a) の文はカンマが有る無しにかかわらず (6) の樹形図の中で S 節点からのみ Happily を関連付けることができます。なぜなら，VP 節点からは主語の NP (John) を交差しない限り伸ばせないことがわかります。したがって，カンマを付けなくても S 節点は他の要素を交差しないで直接 Happily に関連づけることができるので (5a) の Happily は文副詞であることが構造的にわかります。一方，文尾の (5b, c) は VP 節点と S 節点の両方から直接矢印が伸ばせるので (5b) のようにカンマを義務的に付けないと文副詞と動詞句副詞の両方の解釈が出てくることになります。(5c) では (6) に見られるように表面的には happily が VP 節点と S 節点と繋がり，読むときに音声的な休止を入れて読まない限り曖昧な構造となるので好ましくない文になります (cf. *John told happily us about her marriage. や John told us happily about her marriage. の文法性の判断が異なるのはなぜか考えてみましょう)。

このように樹形図は英語母語話者の動詞句副詞と文副詞の違いやその曖昧性がなぜ生じてくるのかを視覚的に捉えることができるので認知的な説明よりも記述的妥当性（descriptive adequacy）があるものと考えます。6.5節では，さらに先行詞と代名詞における文法性や容認性の判断基準が構造関係（先行と統御）によって明示され，細かく言語直観が記述されることを示します。

練習問題

1. 次の各文における不定詞の意味上の主語を考えなさい。

　　a.　Tom wants Mary to go there.

　　b.　Mary wants to go there.

　　c.　Jane persuaded John to go there.

　　d.　Bill said that it would be necessary to go there.

2. 次の各文におけるイタリックの代名詞と再帰代名詞の先行詞は誰を指すか考えなさい。

　　a.　Mary thinks that Jane admires *her*.

　　b.　Mary thinks that Jane admires *herself*.

　　c.　Tom's father hit *him*.

　　d.　Tom's father hit *himself*.

3. 次の文における副詞（cleverly）の意味解釈をしなさい。本文（6）の樹形図で考えるとわかりやすい。

　　a.　Cleverly, Bill told us the secret.

　　b.　Bill cleverly told us the secret.

　　c.　Bill told us the secret cleverly.

2.2. 英語学の研究方法とは

Keywords: ことばの「か・き・く・け・こ」, 第3文型の考察, 動詞の意味
と構文

　英語学は大学に入学してから登場する学問であることは 2.1 節で述べました。高等学校までに習ってきた英文法の知識（今後, 学校文法（の知識）と呼びます）と異なる分析をします。その違いは, 研究スタイルにあります。まず英語学は英語の文をよく「観察」し, そのデータを分析し「気づいたこと」を一般化します。中には例外的なものが含まれ, どのようにすれば説明が可能になるのかを「工夫」します。アイデアが浮かばないときは,（先行）研究書を読み問題点を整理しながら「研究」し, 思考錯誤します。最終的には, 独自の結論を導き,「答え」を見つけ出すことです。この方法手順を本書ではことばの「か・き・く・け・こ」と呼びます（「あとがき」参照）。

　学校文法では文法項目の形式的な面にウェイトを置き, その形式がどのような意味をもっているのかを考えないまま指導する傾向があります。たとえば, 文の構造を理解させる方法として基本的な構造（5 文型）を提示して, 構造分析だけに焦点を置きます。したがって, その構文がどういう意味をもっているのか他の構文との関連性については言及しないのが一般的なやり方ではないでしょうか。

　第 3 文型の S + V + O の構文を例に挙げると,（1）の四つの各文の動詞はあとに目的語をとりますから形式的にはいずれも過去形の他動詞ということになるでしょう。

(1) a.　John cut the bread.

　　 b.　John broke the vase.

　　 c.　John touched the cat.

　　 d.　John hit the door.

他動詞の特徴は動詞の後ろに目的語をとる以外に形式的に受動態

16

が可能であるということも挙げられるでしょう。実際に，(1) の各文は (2) のように受動態に書き換えることが可能です（自動詞と他動詞の区別については 7.5 節を参照のこと）。

(2) a.　The bread was cut by John.
　　b.　The vase was broken by John.
　　c.　The cat was touched by John.
　　d.　The door was hit by John.

ところが第 3 文型でありながら能動態から受動態にできない動詞があります。

(3) a.　John reached the station.
　　　　(*The station was reached by John.)
　　b.　John had the new car.
　　　　(*The new car was had by John.)
　　c.　John resembled his father.
　　　　(*His father was resembled by John.)

このような例が出てくると，英語学では研究スタイルとして，最初になぜ (3a, b, c) では受動態はできないのかを考え，その答えを最終的に見つけ出すということを試みます。学校文法のようにそのまま，これらの動詞は受身にできないから覚えておきなさいというようにはなりません。

　英語学の分野に意味論があります。意味論では動詞の意味を構文の中で深く分析します。(3a) では reach「着く」の目的語が「駅」ですが，その「駅」という対象は主語 (John) によって何の影響も与えられないことが受動態にできない理由です。つまり，ジョンが駅に着いたことにより「駅」が移動するとか壊れるとかはしません。このように主語による対象への影響力 (affectedness)，すなわち他動性 (transitivity) があるかないかが受動態にできるかどうかと関係します。したがって，live のような自動詞でもその対象 (This house) が一般の人 (John) ではなくて私たちに影響を与えた大人物 (Mozart) が住んでいた場所であれば (4b) のように受動態が可能になるわけです。

(4) a. ?This house was lived in by John.
　　b. 　This house was lived in by Mozart.

(3b, c) の have「持っている」や resemble「似ている」の動詞も状態動詞なのでその対象に影響を与える動詞ではありませんので受動態ができないということになります（受動態のさらなる成立条件については中島 (2011) などを参照のこと）。

　さて, (1) の文に戻って他の構文との関係を見てみましょう。英語学の研究方法の二つ目として, 動詞の意味を的確に捉えるために構文間の関係を比較するという試みです。ここでは中間構文 (middle construction), 使役・起動交替 (causative/inchoative alternation), 身体部位所有者上昇交替 (body-part possessor ascension alternation), 動能構文 (conative construction) の四つを取り上げ, (1) の各動詞がどのように統語的に振る舞うかを見ていきます。

　最初に, 中間構文を取り上げます。

(5) a. 　The bread cuts easily.
　　b. 　The vase breaks easily.
　　c. *The cat touches easily.
　　d. *The door hits easily.

中間構文は Jespersen (1927: 347, 389) では能動受身動詞 (activo-passive verb) と呼ばれたものですが, (1) の各文における目的語を主語にして動詞を現在形にし, 副詞の easily や well などと共起して使用されます。能動受身の解釈から予測されるように, 形は能動形でありながら意味的には「～られる」と受身にして解釈される特徴があります。たとえば, (5b) は「その花瓶は簡単に壊れる」となります。しかし, *The vase breaks by John. と言えないこと

から (2b) の受動態の文とは異なります。(5c, d) が非文であることから単に接触・打撃の動詞の touch や hit はその対象（この場合は主語）に接触・打撃を与えるが，状態の変化を与えるほどの影響力をもたないので中間構文が使えないということになります。したがって，中間構文を成立させる動詞の意味として対象の状態変化を引き起こすような影響力をもつ cut や break がこの構文に割り当てられます。

中間構文によく似た形ですが，起動構文（(6a) の矢印の右側の文）は時制が過去形になり副詞の easily や well がなくても使える文のことです。

(6) a. John broke the vase.
   → The vase broke. (cf. *The vase breaks.)
   b. John cut the bread.
   → *The bread cut. (cf. *The bread cuts.)

(6a, b) は他動詞形を自動詞形に交替できるかどうかを示しているので自他交替（7.5 節を参照）とも呼ばれます。また，このような自動詞は (7) のような非能格動詞（unergative verb）（7.6 節を参照）と区別するために能格動詞（ergative verb）と呼ばれます。

(7) a. John walks.
   b. John runs.

(6a, b) の自動詞の break と cut は (5a, b) のように中間構文を成立させる動詞ですが，(6b) のように使役他動詞構文に対する起動構文としては生じないことがわかります。中間構文と起動構文の違いは時間的に現在時制と過去形の意味的な違いですが，一般的には中間構文は総称（generic）の解釈を表し，起動構文は特定の出来事・事態（event）を表す違いとなります。

(6a, b) の break と cut の動詞の意味の違いは，前者が「結果」を含意し動詞の自力性（ひとりでに花瓶が壊れる）が見られますが，後

者はひとりでにパンは切れないので「道具」を使う動作主が必要になることから起動構文としては使えないということです。日本語では「パンが簡単に切れた」と言えるのは動作主が「スル」という行為を行う人間重視型（person focus）ではなく，状況重視型（situation focus）の自然にそうなったといえる「ナル」型の感覚が主流となっているからでしょう（「人間重視型」と「状況重視型」についてはHinds (1986) を，スルとナルについては 7.2 節を参照のこと）。(8a, b) に見られるように，起動構文は中間構文と同様に状態変化をもたらす動詞であることが前提になっています。

(8) a. *The cat touched.
    b. *The door hit.

次に，身体部位所有者上昇交替を見ましょう。

(9) a. Mary cut John's arm.
    b. Mary cut John on the arm.
(10) a. Mary broke John's finger.
     b. *Mary broke John on the finger.
(11) a. Mary touched John's shoulder.
     b. Mary touched John on the shoulder.
(12) a. Mary hit John's back.
     b. Mary hit John on the back.

(10b) が非文であることを除くと，(9) から (12) のペアに見られる意味の違いは目的語に人を置いている (b) の構文が心理的に影響を受けているという意味合いがあります。たとえば，John kissed the Queen by the hand. とすれば，ジョンがその女王に恋愛感情がある場合には政治的に問題が生じることにもなりかねないので John kissed the Queen's hand. の表現を使うほうが一般的であります。また，この (b) の構文には *John struck Mary on the bag. と言えないことから，行為を受ける対象が目的語の人と同じ身体部位でな

ければならないという前提条件が必要で，身体から離れた鞄をたたく場合は John struck Mary's bag. と言わなければなりません（池上 (1991: 96)）。

さて，(10b) の break の動詞だけがこの構文をとれない理由ですが，cut, touch, hit には「接触」の意味が動詞に含意されますが，break にはその意味が含まれていないということから (b) の構文は生じません。

最後に，動能構文を見ましょう。

(13) a. John cut at the bread.
    b. *John broke at the vase.
    c. *John touched at the cat.
    d. John hit at the door.

動能構文というのは (1) の構文において他動詞の前に at という前置詞を置いた構文のことを言います。他動詞の前に前置詞を置くことは (14a, b) にも観察されるように，全般的には他動性が低くなるという結果を招きます（池上 (1991)）。

英語学の研究方法の三つ目は，先行研究の考え方や仮説を活かして他の構文との関連性を見極める試みです。これは，二つ目の試みと大いに関係します。構文と意味を比較することが大切です。動詞そのものの意味よりも動詞句全体や文全体の意味を捉えることが必要です。

(14) a. John climbed up Mt.Fuji.
        （富士山に登った（頂上に達していない））
    b. John climbed Mt. Fuji.
        （富士山に登った（頂上に達した））

(13) も at という前置詞によって文全体の意味が try to 〜 の意味に変化します。たとえば，(13a) の意味は「ジョンはそのパンを切ろうとした」です。

さて，(13) では break と touch の動詞が動能構文にできません。なぜでしょうか。Levin (1993: 8) は動能構文を成立させる動詞の特徴として「動き」と「接触」の二つの意味を備えた時にこの構文が可能であると仮定します。break という動詞は「動き」も「接触」もなく，touch という動詞は「接触」はあっても「動き」がないという意味特性から (13b, c) の文が排除され，非文となります。「接触」するには最初に動きがあるのではと考える人がいるかもしれませんが，それは現実の世界の解釈で，動詞の語彙的意味として touch は「接触」の意味しかないということです。

最後になりましたが，これは研究方法と同時に英語学の醍醐味でもありますが，四つ目として最終的に動詞の意味と構文との関係について，わかったことを結論（答え）として出すというところにあります。さらに，反例となる事実が提供され，考え方を練り直し，より記述的に妥当性のある方向性を思考錯誤しながら生み出していくという結論後の楽しみもあります。

(15)

	cut	break	touch	hit
中間構文：「状態変化」	○	○	×	×
使役・起動交替： 「状態変化」「自力性」	×	○	×	×
身体部位所有者上昇交替： 「接触」	○	×	○	○
動能構文：「動き」「接触」	○	×	×	○

○は各構文において成立し，×は成立しないということを示しています。英語学の研究方法として他にも日本語と英語を比較することから両言語の共通点や相違点が見えてきます。

練習問題

1. 次の文が5文型のどれに当てはまるか考えなさい。当てはまら

ない場合はその理由を検討しなさい。

a. Cows provide us with milk.

b. Tom is in the hole.

c. Mary put the book on the table.

2. 次の第3文型の構文（a）が（b）のように動能交替が生じない理由を考えなさい。

a. John moved the table.

b. *John moved at the table.

3. （a），（b）とも状態変化動詞は共通だが，なぜ（b）の動詞は自他交替が生じないのか考えなさい。

a. The door broke. (cf. John broke the door.)

b. *The string cut. (cf. Mary cut the string.)

第3章　英語史

　この章では，英語の歴史について学びます。3.1 節で英語という言語はどこから来たのか，イギリスでは元から英語が使われていたのか，誰が英語を最初に使ったのかについて検討します。3.2 節では英語の歴史的区分（古英語，中英語，初期近代英語，近代英語，現代英語）とその時代区分を決める背景的な出来事は何かについて述べます。

3.1.　英語はどこから来たのか

Keywords: ケルト人，インド・ヨーロッパ語族，アングロ・サクソン人

　ヒトが他の動物と違うのはコトバを使うからです。鳥や猿は警戒音を出すことができても質的に人間が発するコトバとは異なります。私たちが日常生活で使用する言語は日本語ですが，アメリカやイギリスやオーストラリアなどでは英語が話されています。フランスやカナダの一部の地域などで使用される言語はフランス語です。

　世界には推定上，約 3 千から 5 千の言語があると言われています。その中でも英語はグローバル社会のあおりを受けて，全世界でも多くの人に使用され，その重要性は今日誰もが認めるものであります。

24

それではその英語はどこから来たのでしょうか。イギリス（英国）からです。英国は現在では四つの国（England, Scotland, Northern Ireland, Wales）を連合した連合王国（the United Kingdom）を指しますが，イギリスの歴史は古く英語が使用されていない時代がありました。その時代にはケルト人がイギリスに住んでいました。ケルト人は紀元前 600 年頃から 500 年頃にイギリス諸島（the British Isles）にヨーロッパ大陸から移動してきたと言われています。彼らは背が高く金髪で，音楽や詩を愛しました。鉄をもたらしたのも彼らです。ケルト語を話す人たちは今でも北フランスのブルトン語（Breton），スコットランドのゲール語（Scots Gaelic），アイルランドのゲール語（Irish Gaelic）として存在します。

これらはケルト語族（Celtic）に属する言語ですが，ちょうど日本語に東北弁や九州弁が存在するように，お互いに類似性が見られます。イギリス人高等裁判所判事の Sir William Jones（1746-1794）は古典語に興味があり，インド駐在中にサンスクリット語がラテン語・古典ギリシャ語と類似性があることに気づきました。そこで彼はサンスクリット語はラテン語と古典ギリシャ語と同じ系列の言語に由来するのではないかと仮定しました。彼の考え方は比較言語学者たちに受け入れられ，（1a-g）の言語を系列に含むインド・ヨーロッパ語族（Indo-European）という祖語を特定させました。

(1) a. イタリア語族（ラテン語，フランス語，スペイン語など）
 b. バルト・スラブ語族（ロシア語，ポーランド語，チェコ語など）
 c. ケルト語族（コーンウォール語，ウエールズ語，ゲール語など）
 d. インド・イラン語族（ベンガル語，サンスクリット語，ヒンディー語など）
 e. ゲルマン語族（英語，ドイツ語，オランダ語，スウェーデン語，デンマーク語など）

第3章 英語史　25

　　f.　ギリシャ語族（古代ギリシャ語：アイオリス方言，ドー
　　　　リス方言など）
　　g.　その他

　英語は（1e）のゲルマン語族に属し，歴史的にはドイツ語やオラ
ンダ語に近い言語です。
　イギリスでは英語より先にケルト語がケルト人により使用されて
いましたが，西暦 43 年にローマ軍がケルト人を支配しにやって来
ました。西暦 61 年には古代ブリトン人（イケニ族の一派のケルト人）
の女王 Boadicea は反旗を翻しますが，結局敗戦し，その後，約
400 年間ローマ軍によりイギリスは支配されることになります。ケ
ルト人はローマ軍の支配下におかれ，ケルト語は一般大衆の語とし
て残されました。一方，ローマ軍が使用していたラテン語は上流階
級の語として使われました。西暦 395 年のテオドシウス帝のとき
ローマ帝国は東西に分離し多くの兵士はローマに撤退しました。西
暦 410 年にはローマ軍はいなくなりイギリスは無防備の状態とな
りました。そこにヨーロッパからゲルマン人（＝アングロ・サクソン）
の攻撃があり，さらにスコットランドやアイルランドから古代人の
攻撃がありました。ケルト王の Vortigern はゲルマン人にスコット
ランドやアイルランドのピクト族やスコット族を制止する条件とし
て，ケントの近くの島をゲルマン人に提供します。しかし，ピクト
族とスコット族を敗退させたものの，ゲルマン人はその島だけでは
満足せず，イギリス全土を征服したくなります。その当時ゲルマン
人は（2）の四つのグループに分かれていました。

（2）a.　ジュート族（北デンマークのユトランドから来たゲルマ
　　　　ン人，ケントに定着）
　　b.　アングル族（南デンマークから来たゲルマン人，イング
　　　　ランド中部・北部からスコットランド低地に定着）
　　c.　サクソン族（北ドイツから来たゲルマン人，イングラン
　　　　ド南部に定着）

d. フリージアン族（北ドイツやオランダから来たゲルマン人）

　（2a-d）の四つのグループはまとめてアングロ・サクソンと呼ばれます。彼らはケルト人を殺し，一部のケルト人はフランスやウェールズやスコットランドに追いやられることになります。アングロ・サクソンは都会より田舎が好きな農耕民族で，ローマ人が建てた町を破壊し，村を形成し家族で暮らしました。やがて氏族となり王国を形成し，ウェセックス・エセックス・サセックス・ケント・イーストアングリア・マーシャ・ノーサンブリアの7王国を築くことになりました。

　ケルト人はローマ人支配下ではキリスト教徒でしたが，アングロ・サクソンはキリスト教徒ではなかったのです。西暦597年にローマの修道士の St. Augustine がイギリス（ケント）に来て全土にキリスト教が広まりました。

　英語の English はアングル族の Angles から由来し，彼らは自らを Engle と呼びます。彼らが使用する言語の Englisc から派生しました。また，England は Angles 人の国（Englaland）から由来します。ゲルマン人は角張ったルーン文字（e.g.↑þ）を使用していましたが St. Augustine が来てからローマ字を使うようになり，そこで英語はローマ字で書かれるようになりました。

　英語の歴史を辿ると部族の侵略戦争があり，その度ごとに言語の変遷があります。古代人の遺跡や骨の発掘からもその変遷が推測されます。言語には場所や気候や食べ物などの概念が含まれ，インド・ヨーロッパ祖語の推定上の地域がこれらの概念によりポーランドの付近ではないかと特定されるからです。

練習問題

1. インド・ヨーロッパ祖語がポーランド付近と推定されていますが，どのように特定できるのか考えなさい。

第3章 英語史　27

2. ゲルマン語族のドイツ語・オランダ語・スウェーデン語などの
言語をインターネットで調べ，言語間の共通性を探りなさい。

3. ローマ軍が築いた都市には城塞を意味する chester や caster の
地名があります。イギリスのどのような場所が関係するか調べな
さい。

3.2. デーン人とノルマン人の攻撃

Keywords: 古英語，バイキング，古ノルド語，ノルマン征服，中英語，初
期近代英語

　アングロ・サクソンが使用していた英語は古英語（Old English）
と呼ばれますが，現在の英語とはかなり異なり，屈折言語（inflect-
ed language）です。名詞や形容詞に屈折語尾が付いていました。
歴史的には450年頃から1100年頃までは古英語の時代です。しか
し，8世紀から10世紀にかけてバイキング（＝デーン人）の侵略が
あります。バイキング（海賊）はだんだんと勢力を強め，アングロ・
サクソン7王国を支配するようになります。870年までにはウェ
セックスを除いて英国のほとんどを支配します。ウェセックスのア
ルフレッド大王（Alfred the Great）はバイキングと7年間戦い勝
利します。878年に彼はバイキングとウエッドモア（Wedmore）条
約を締結し，イギリスはチェスターからロンドンの間に境界が引か
れ，西側をアルフレッドが持ち，東側をバイキングが支配したの
で，その領域はデーンロー（Danelaw）と呼ばれます。

　アルフレッドは彼らにキリスト教徒になる協定も結び，アング
ロ・サクソンとバイキングの敵対関係は比較的穏やかになっていき
ます。どちらも元はゲルマン人なのでバイキングは古ノルド語を使
用していましたが古英語と類似性があり，お互いに言葉を通して理
解することも可能でした。当然，古英語の中に古ノルド語が入って
いきます。古英語の shirt が古ノルド語では skirt と言い，現代英

語では別の意味でどちらも使用されているのは興味深い事実であります。また，古ノルド語は古英語より屈折が少なく，語彙は似ていたので古英語の屈折接辞の水平化を速める助けとなりました。

イギリスは部族侵略の繰り返しで，11世紀には大陸からノルマン人がイギリスを征服しにきます。ノルマン人はバイキングの一部族で10世紀初頭に北フランスにノルマンディー（Normandy）という国を建てました。ノルマン人は古ノルド語を使っていましたがやがてフランスの慣習を取り入れフランス語を使用します。ノルマンディー公ウイリアム（Duke William, 1027-1087）はその当時イギリスの王になりたいと思っていました。ウイリアムはエドワード王の後継者として最後のアングロ・サクソン王となったハロルド2世（Harold II, 1019-1066）とヘイスティングズ（Hastings）の戦いで勝利し，イギリス王となります。この勝利によりノルマン征服（Norman Conquest）を決定的なものにしました。

ノルマン人はフランス語を使用していたので英語の中にフランス語が入って来ます。1100年頃から1500年頃は歴史的に中英語（Middle English）の時代と呼ばれますが，英語の中に上流階級の人たちが使うフランス語が借用されます。教会の聖職者も権力があり，彼らが使っていたラテン語が英語の中に入り，多くの新しい語彙が英語に混入されることになります。英語は一般大衆の言葉となり，話し言葉が中心で，記録されることはなく，書き言葉と違って大きく変貌を遂げることになります。

ウイリアムはヘイスティングズの戦いを手伝ったノルマン人にイギリスの土地を提供し，多くのノルマン人の貴族はイギリスとフランスの両方に土地を所有していました。ヘンリー2世（Henry II, 1133-1189）の子供であるジョン王（John, 1165-1216）は1204年にフランス王フィリップ2世（Philip II, 1165-1223）との戦いに敗れノルマンディーの領土を失います。貴族はジョン側とフィリップ側のどちらに立つかによりイギリスとフランスの領土のいずれかを選択所有できる権利をもちますが，このことがイギリスからフラ

ンス語を遠ざける一因となります。貴族も自分たちの権利を守るために 1215 年に「マグナ・カルタ」（大憲章）の取り決めをします。

　フランス語がやがて衰退し英語の地位が復活することになるのは，イギリスとフランスの間に生じた百年戦争（1337–1453）によりイギリス人はフランス人が嫌いになりフランス語を使用しなくなったことや，14 世紀の中ごろにヨーロッパ全体に広がった黒死病（＝ペスト）（the Black Death）が原因となり英語を話す労働者階級の人たちが重要な地位を得てイギリス人として自覚を持つようになったからです。また，詩人 Geoffrey Chaucer（1342–1400）が現れ，標準英語で『カンタベリー物語』を書いたことや，William Caxton（1422–1491）がロンドンに印刷所を開設したことも英語の地位が向上する原因となりました。

　中英語になると屈折接辞の水平化がさらに生じて，形容詞も -er や -est の屈折語尾を残すだけになり現代英語に近い形となります。フランス語やラテン語の新語が借用語（loan word）として英語に入り，現代英語の 75% ぐらいが今でも使われています。

　中英語のあと 1500 年頃から 1650 年頃の英語を初期近代英語（Early Modern English）と呼びます。英国史上最大の作家の William Shakespeare（1564–1616）がこの時期に現れたことが近代英語（Modern English）（1650 年以降を指し，20 世紀以降は現代英語 "Present-day English" と呼ばれます）と区別される理由です。イタリアで起こり，やがてヨーロッパ全体に波及したルネッサンス（＝文芸復興）も近代文化への道を広げました。人々はギリシャ・ローマの古典文学や芸術の復興を望み，中世文学から近代文学へと移行します。一般大衆も文学に興味を持ち，Shakespeare の作品を読むことにより英語は話し言葉から書き言葉として興味をもたれるようになりました。当初，書き言葉としては，英語は語彙が足らず，ギリシャ語やラテン語の語彙が初期近代英語の時期に多く借用されることになります。探検家たちが旅をし，新国を発見し，そこで見たものが外来語として導入される語彙もあります。たとえば，tomato

(メキシコ語) や tabaco（ポルトガル語）などです。

　語彙の変化だけではなく大母音推移（Great Vowel Shift）の音韻変化が生じたことも初期近代英語と近代英語とが区別される理由です。大母音推移は1400年頃から起こり1600年頃まで続きますが、長母音に生じた変化で、次の図1のように調音点が一つ上昇する発音に変化します。

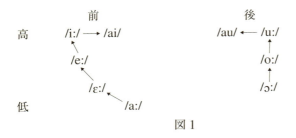

図1

練習問題

1. ノルマン人（征服者）とアングロ・サクソン（非征服者）の関係から次の英語の語彙がどちらから由来するのか考えなさい。
　a. ox と beef　　b. sheep と mutton　　c. swine と pork

2. 図1を参考にして、次の語が初期近代英語の時代に大母音推移が起こるまではどのように発音されていたかを特定しなさい。
　a. five　　b. three　　c. pool　　d. house　　e. name

3. 次の語の意味は、昔は今と異なっていた。語源辞典を引いてどのような意味があったのか調べなさい。
　a. minister　　b. write　　c. starve　　d. cunning

4. イギリスの地名（place names）には民族や人名などの歴史が刻まれている。次の語はどのような由来を持つ場所なのか調べてみなさい。

第 3 章　英語史　　31

a. Cambridge　　b. Edinburgh　　　　　　　c. Grasmere
d. Lavenham　　e. London　　　　　　　　　f. Oxford
g. Scotland　　h. Stratford-upon-Avon　　i. Wales
j. Wimbledon

第4章 形態論

　この章では，語のかたちや語の形成過程の仕組み，並びに，派生語や複合語の個別条件や一般条件について学びます。4.1 節では，省略語と混成語についてどのような違いがあるのかを見ます。4.2 節では，派生語や複合語の品詞や意味の決定がどのようになされるのか主要部とは何かについて検討します。4.3 節では，派生語の内部構造がどのように組み立てられ，形成過程においてどのような仕組みがあるのかを述べます。4.4 節では，派生と屈折の違いとその順序付けについて日本語と英語の観点から論じます。

4.1. ゴジラはゴリラと鯨の混成語

Keywords: 省略語のパタン，省略語と混成語の違い，頭文字語，2 モーラの原則

　私たちは，日常何気なく言葉を短縮して会話を楽しんでいます。たとえば，「携帯片手に，セブイレに入った彼，きもいね」とか，「就活のあとバイトして終電に間に合うかな」とか，「鍋パのあと，アイス食べながらネットしたよ」など，特に若い人たちがスマホで文章を打ったりするときに，このように言葉を短縮して使う傾向が見られます。短縮された言葉を元の姿に戻してみましょう。

第 4 章　形態論　　33

(1)　携帯 → 携帯 ＋（電話）
　　　セブイレ → セブ（ン）＋ イレ（ブン）
　　　きもい → きも（ち）＋（わる）い
　　　就活 → 就（職）＋ 活（動）
　　　バイト →（アル）バイト　cf. Arbeit（ドイツ語）
　　　終電 →（最）終 ＋ 電（車）
　　　鍋パ → 鍋 ＋ パ（ーティ）
　　　アイス → アイス ＋（クリーム）
　　　ネット →（インター）＋ ネット

　ここで，省略された部分（括弧内）に注目するといろいろな型が
あることに気づきます。前部を省略したもの（前部省略），後部を省
略したもの（後部省略），中部を省略したもの（中部省略），前部と後
部を省略したもの（前部後部省略）と後部と後部を省略したもの（後
部後部省略）があります。整理すると，次のようになります。

(2)　前部省略 → バイト，ネット　cf. (tele)phone
　　　後部省略 → 携帯，アイス，鍋パ　cf. exam(ination)
　　　中部省略 → きもい　cf. veg(etari)an
　　　前部後部省略 → 終電　cf. (in)flu(enza)
　　　後部後部省略 → 就活，セブイレ　cf. sci(ence)・fi(ction)

前部前部省略（e.g.（大）韓・（民）国）や後部前部省略（e.g. 高（等）・
（学）校）の型もあるのでいろいろな型がほかにもないか調べてみま
しょう（練習問題 2）。
　このように，言葉の省略された語のことを省略語（clipping）と
言いますが，次の混成語（blend）と区別する必要があります。

(3)　朝シャン，口コミ，肉じゃが，ゴジラ，ダスキン，ピアニ
　　　カ，など

たとえば，ゴジラはゴ(リラ)と(ク)ジラの括弧の部分が省略されて

できているので，後部前部省略とみなされるかもしれませんが，省略語と異なり，省略される元の語が存在しません（*朝・シャンプー→朝シャン，*ゴリラ・クジラ→ゴジラ，*ダスト・ゾウキン→ダスキン，*口・コミュニケーション→口コミ，*肉・じゃがいも→肉じゃが，など）。一方，省略語は省略される元の語が存在します（サラダ＋ドレッシング→サラドレ，シャープ＋ペンシル→シャーペン，最終＋電車→終電，など）（本節では省略語の付加操作を＋で示し，混成語の型を・で示しています）。

　もう一つの混成語と省略語の違いは，意味に関して見られます。省略語の場合は，省略される元の言葉と省略語は同じ意味をもっています。たとえば，松健は松平健のことで別の人物にはならないし，枚パーは枚方パークのことです。一方，混成語のゴジラはゴリラでもクジラでもない映画の中での怪獣になっています。ピアニカはピアノでもハーモニカでもない鍵盤付きハーモニカの商標名です。混成語は原語のそれぞれの意味とは異なる新しい製品や物を生み出す過程といえます。他方，省略語は元の原語と同じ意味を留めています。

　以上のことから，省略語は原語の前半の語と後半の語を付加する過程があり，その後，省略される過程が働いて形成されると考えられます。一方，混成語は原語の前半の語と後半の語の付加操作はなく，二つの語を同時に思い浮かべて新しい語を生み出す過程です。

　社名や人名は省略語や文の表現を漢字やカタカナに当てはめたものが多く，その由来を調べてみると結構楽しくなります。

(4)　キャノン（観音），ミノルタ（実る田），阿久悠（悪友），二葉亭四迷（（お前なんか）くたばってしめえ），吉幾造（よし行くぞ），南都雄二（（これ）なんという字？），タモリ（本名の森田の前後を入れ替えたもの）

頭文字語（acronym）という省略語もあります。たとえばBBCは British Broadcasting Corporation の頭文字語です。PC は personal computer や politically correct の，AIDS は Acquired Immune Deficiency Syndrome の，RAM は random-access memory の頭文字語です。頭文字語は頭文字を 1 個 1 個読む場合（e.g. ビービーシー）と，一つの単語のように発音する場合（e.g. エイズ）の二つのパタンがあります。日本語の頭文字語の例としては関関同立（関西大学・関西学院大学・同志社大学・立命館大学）があります。

　日本語の省略語には 2 モーラの原則というのがあり，特に複合語の省略には前半の原語と後半の原語の 2 モーラが残されるのが一般的です（モーラについては 8.1 節を参照）。

(5)　パーソナル＋コンピュータ（パソコン）
　　　着信＋メロディ（着メロ）
　　　百円＋均一（百均）
　　　ストレート＋パーマ（ストパー）
　　　卒業＋論文（卒論）
　　　cf. スマート＋フォン（スマフォ，スマホ）

練習問題

1. 次の語は省略語か混成語のどちらですか。その決め手は何ですか。

a.　柿ピー　　　b.　婚活　　　　c.　ポケモン
d.　ラッピー　　e.　グスミン

2. 次の設問に答えなさい。

a.　本文の（2）の型別にいろいろな省略語を集めてみよう。省略のどの型が多いだろうか。

b.　本文の（2）以外の省略語の型としてどのようなものがあるのかインターネットで調べてみよう。

c.　頭文字語を集めてみよう。

4.2. ライスカレーとカレーライスの違い

Keywords: IS A Condition, 右側主要部の規則, リンスインシャンプー

　ライスカレーとカレーライスはどう違うのでしょうか。国語辞典
(e.g.『日本国語大辞典』(2006),『広辞苑』(2008))を見ても同じ意味
として載せられています。英語では curry /kə:ri/ でカレー料理を指
す場合が多いようですが, curried rice や curry and rice や curry
with rice ということもできます。ちなみに rice and curry や rice
with curry と逆にした言い方はよくないそうです。日本では,
1960 年代から 1970 年代の前半にかけてライスカレーというのが
一般的だったのでお年寄りがライスカレーと言うのを耳にするのは
そのころの記憶が彼らに残っているからでしょう。それではライス
カレーと言うようになったきっかけは何でしょうか。

　一番有力な説が, クラーク博士説です。あの「少年よ, 大志を抱
け!」のクラーク博士です。明治 9 年, クラーク博士が札幌農学校
(現在の北海道大学)に赴任した時, 寮に住む学生の食事を見て, 米
食ばかりで栄養のバランスが悪いように見えたらしく, 栄養状態が
悪いのは米食のせいだと感じ, 寮の規則として『生徒は米飯を食す
べからず。ただし, らいすかれいはこの限りにあらず』としたので
す。この説は, 一応日本の歴史上最古の「ライスカレー」の記述に
なります。インターネットで検索すると他にもいろいろな説がある
ようですが, ここでは Allen (1978: 105ff) の IS A 条件や Wil-
liams (1981: 248) の右側主要部の規則の考え方をもとに二つの表
現の違いを考えてみることにします。

　Allen (1978) の IS A 条件というのは簡単に言うと複合語の右
側に意味の中心となるものが現れるという考え方で, 日本語にも英
語にも見られる現象です。たとえば, (1) の表現は (2) の樹形図
で, それぞれ丸で囲んだ右側の Ⓝ の要素が全体の意味を決定して
いることに気づきます。

(1) a. 水鉄砲と鉄砲水
    b. houseboat（屋形船）と boathouse（船屋）
(2)

　つまり，水鉄砲は鉄砲の一種で，紙鉄砲や豆鉄砲も鉄砲の一種ですから（2）における右側の Ⓝ が全体の意味を決定する重要な要素であるということです。もちろん「肘鉄砲をくらわす」のような比喩的な使い方もあるので注意が必要です。同様に，水鉄砲の右と左の要素を入れ替えた鉄砲水の水は水（＝雨）の一種ですから，大水や湧水なども同じように水の一種になります。ここでも（2）における右側の Ⓝ の要素が全体の主要な意味を決定する重要な条件を担っています。

　英語も日本語と同じように説明ができます。(1b) の houseboat と boathouse は（2）の構造からわかるように houseboat は右側要素が boat になり船の一種で，boathouse は house になり家の一種であることがわかります。家のような船から houseboat は屋形船という意味が予測され，船が関係する家から京都府伊根町にあるような船屋の意味が予測できます。複合語の意味を捉えるには便利な規則で語彙を増やし解釈するのに役立ちます。

　次に，Allen (1978) の IS A 条件によく似ていますが，複合語の意味を決定するのではなくて，派生語や複合語の右側の要素が全体の品詞を決定する Williams (1981) の右側主要部の規則について解説します。これも IS A 条件と同様に日本語にも英語にも当てはめて考えることができます。(3) に示したように派生語や複合語の品詞の捉え方として右側の要素の品詞（すなわち，○で囲んだ品詞）に着目すれば全体の品詞がわかるので英語学習には便利な規則です。

　Williams は単純語と同様に派生語の接尾辞にまで品詞性がある

と仮定しています。たとえば，(3a, b) の表現は日本語と英語の派生語の例ですが品詞として丸で囲んだ右側要素の接尾辞が全体の品詞を決定していることに気づきます。(3c, d) は日本語と英語の複合語の例です。右側の単純語 (i.e. 強い，道，本，free, house, shop) が全体の品詞を決定していることを確認してください。

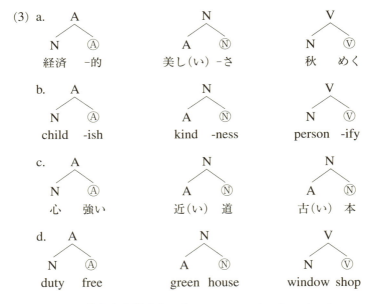

上記の二つの考え方を踏まえると，カレーライスもライスカレーも名詞で，カレーライスはライスの一種でカレーがかけられた curried rice を意味し，他方ライスカレーはライスの入ったカレー中心のものを意味し，curry with rice に近いものと推測することができます。

ところで，リンスインシャンプーはシャンプーなのでしょうか，それともリンスなのでしょうか。IS A 条件から考えるとシャンプーになります。しかし，並木 (2009: 174) によると英語では rinse in

shampoo となるので「リンスが入っているシャンプーの一種」では
ないと考えます。現に，native speaker にこの英語を尋ねると，
シャンプーに数滴リンスが浮いているような状況を連想するらしい
です。本来のリンスインシャンプーの英語は Shampoo & Condi-
tioner と言います。ならば，リンス入りシャンプーという表現はな
ぜ存在するのでしょうか。並木によると，このような表現は日本語
の中にかなり生産的に見られるようです。

(4) a.　梅干入りおにぎり
　　b.　つぶあん入り生八つ橋
　　c.　青ジソ入り卵焼き
　　d.　食物繊維入りアイスクリーム
　　e.　ゼリー in 珈琲

　N_1 入り／イン N_2 の表現において「N_1 が材料か成分として入っ
ている N_2」という解釈ができます。(4) の表現は並木によると複
合語の強勢パタンをもつことから日本語における複合語と考え，リ
ンスインシャンプーの主要部はシャンプーであると捉えます。一方，
英語の "rinse in shampoo" は句表現なので，その主要部は rinse に
あると捉えます。日本語ではその訳は「シャンプー入りリンス」と
なるので，主要部は最後に来ます。ここには，句表現における日本
語と英語の主要部の位置の違いが観察されます (6.1 節を参照)。
　(4) の表現の生産性の高さは，たとえば，(4a) において「梅干が
入っているおにぎり」という名詞句から「梅干入りおにぎり」の商
品が創造され「おにぎり」を主要部として，「梅干入り」がその主要
部を修飾していると考えられます。「リンスインシャンプー」も「リ
ンス入りシャンプー」の商品が創造され「シャンプー」を主要部と
して，「リンスイン」がその主要部を修飾していると考えられます。

練習問題
1.　オムライス，チキンライス，バターライス，チキンカレー，

ビーフカレー,ポークカレーの表現を IS A 条件で意味を確かめなさい。

2. 「アンパンマン」と「肉まん」の意味の違いを右側主要部の規則で確かめなさい。

3. childlike, childishness, kindly, personal, personality の樹形図を描いて右側主要部の規則が成り立つことを確かめなさい。

4.3. 京都女子大学は京都・女子大学か京都女子・大学のどちら

Keywords: 接頭辞・接尾辞,下位範疇化素性,二分枝仮説,レベル順序付け仮説

　前節で言及したように,派生語には構造があり表面的には語と語,語と接辞が横に並んでいるように見えます。しかし,単語の構造をよく調べてみると,横の構造と同時に縦の構造も関係していることがわかります。

　たとえば,unfearful (怖くない) という派生語は,un- という接頭辞 (prefix) と fear という基体 (base) と -ful という接尾辞 (suffix) から構成されますが,(1) のようにただ横に線形的 (linear) に並んでいるのではなくて,(2) のような縦の内部構造をもっていると考えます。

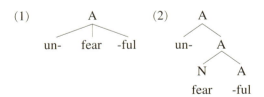

　(2) の縦の構造は階層関係 (hierarchical relation) をなしていると言われますが,上下の階層構造は (3) のような接辞 (affix) の (厳密) 下位範疇化素性 (strict subcategorization feature) の定式化

によって構造化されると仮定します。

(3) un-: [+ ___ A] → A (e.g. unkind, unacceptable, unfearful,
cf. *unfear)
-ful: [+N ___] → A (e.g. beautiful, careful, useful,
thoughtful, cf. *thinkful)

 (3) はそれぞれ下線部に接辞自体の環境と，下線部の右側や左側に接辞が付加される基体の環境を示しています。これによって接辞がどのような範疇（=品詞）の基体に付加されるのかがわかります。たとえば，un- は形容詞の基体に付加され，ful- は名詞の基体に付加されることを規定しています。したがって，*unfear の語や *thinkful の語は派生されません。なぜなら，un- が名詞の fear に付加しているからです。fearful の語を先に形成し，名詞から形容詞に品詞変換が生じる結果，un- が付加されます。*thinkful は動詞の基体に付加する理由で排除されます。think から thought へ動詞から名詞へ品詞変化が生じると thoughtful の派生は許されます。なお，→は接辞が基体に付加されたあとの範疇を示しています。厳密下位範疇化素性はこのようにレキシコン（第1章の「形態論」の項を参照）の中であらかじめ指定されていると仮定します。

 階層構造は日本語でも観察されます。京都女子大学は (4a, b) の「京都・女子大学」，「京都女子・大学」かのいずれかの構造に分けられますが，決して (4c) の横の構造にはなりません。

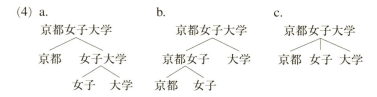

 言語の構造として，(4a, b) のように二項枝分かれ (binary branching) の構造になることを二分枝仮説 (binary branching hypothesis) に従っていると言います。(5) のようにどんなに複雑な構造でも二項枝分かれ構造が可能であり，また (6) のように音節構造 (8.1 節を参照) や統語構造 (右側の樹形図) にも見られるので二分枝仮説は普遍的な原則 (universal principle) と考えられています。

　基体に接辞を付加する条件として，下位範疇化素性に従い派生語が形成されることを上記で述べましたが，接辞付加の際に，基体の形の一部が切り取られる場合や (e.g. anxiety + -ous = anxious)，接辞そのものが変化する場合 (e.g. desirable + -ity = desirability) があります。これらの変化は新しい語を生成する過程において形態的・音韻的変化 (morpho-phonological change) を生じさせています。形態的・音韻的語彙化が生じていると考えられます。

　通常，このような変化を伴うと意味的にも変化が生じてきます。たとえば，cúrious は「好奇心の強い，珍しい」の意味をもち，cúriousness「好奇心，珍しさ」と curiósity「物珍しさ，骨董品」の両方の派生が可能です。後者は第 1 強勢の移動と -ous から -os と綴りが短縮して形態的・音韻的変化が生じ，意味的にも基体の curious とは違った不透明な (opaque) 意味「骨董品」になっています。一方，curiousness は第 1 強勢の移動もなく curious と -ness

の意味を合成した（compositional），透明な（transparent）意味「珍しさ」をもっています。

接辞にはこのように形態的・音韻的変化をもたらす接辞と，もたらさない接辞があり，-ity のように変化を生じさせるタイプの接辞をレベル1と呼び，-ness のように変化を生じさせないタイプの接辞をレベル2と呼びます。一般的に，レベル1の接辞（e.g. -ous, -ity, in-）はラテン系の接辞で，レベル2の接辞（e.g. -ful, -ness, un-）は英語本来の接辞です（8.4 節を参照）。

Siegel（1974）や Allen（1978）は接辞のレベルを基に派生語形成の一般化を試みています。すなわち，派生語は基体に接辞を付加する際にレベル1・2の順序付けは許されるが，レベル2・1の順序付けは許されません。レベル順序付け仮説（Level Ordered Hypothesis）を提案した Siegel はレベルと言わないでクラスと呼び，Allen は複合語や non- 接頭辞をレベル3に分析します（詳細な議論は高橋（2009）を参照のこと）。

(7)　un-（2）＋use-ful（2）と *in-（1）＋use-ful（2）
　　　un-（2）＋book-ish（2）と *in-（1）＋book-ish（2）

練習問題

1. 京都女子大学の内部構造は本文（4a, b）のどちらの構造になるか，意味を考慮して考えなさい。

2. 次の派生語と動詞句（VP）を二項枝分かれ構造で描きなさい。
   a.　unkindness　　b.　unexceptionally
   c.　bought the book at the shop

3. *infriendly（cf. unfriendly）の派生語の逸脱性をレベル順序付け仮説で説明しなさい。

4.4. 派生と屈折の違い

Keywords: 派生語・屈折語，拘束形態素，自由形態素，句排除の制約

　前節で派生語には接頭辞と接尾辞があることを述べました。接尾辞には派生語と区別して考えなければならない屈折語の接尾辞があります。

(1) a. book<u>s</u>, boy<u>s</u>, friend<u>s</u>, kniv<u>es</u>, leav<u>es</u>, tomato<u>es</u>
    b. happi<u>er</u>, happi<u>est</u>, long<u>er</u>, long<u>est</u>, tall<u>er</u>, tall<u>est</u>
    c. lik<u>ed</u>, paint<u>ed</u>, referr<u>ed</u>, suffer<u>ed</u>, want<u>ed</u>
    d. like<u>s</u>, paint<u>s</u>, refer<u>s</u>, suffer<u>s</u>, want<u>s</u>

　(1) の下線部は複数形の s，es，比較級や最上級の er，est，過去形の ed，3 人称単数の主語に合わせたときの 3 人称単数の s (e.g. He likes Mary.) を表します。これらの接尾辞は屈折接尾辞 (inflectional suffixes) と呼ばれます（派生接尾辞と区別するためにハイフォンを付けないでおきます）。屈折を促す接尾辞が付いた語なので (1) の単語は屈折語と呼ばれます。屈折接辞は単語の最後に付加されるので，接尾辞でありそれ自体では存在できないことから派生接尾辞と同じ拘束形態素 (bound morpheme) の特徴をもっています。派生接尾辞も屈折接尾辞も自由形態素 (free morpheme) の基体に付加するという意味で同じタイプの接尾辞 (e.g. book<u>s</u> と book-ish) のように見えますが実はそうではありません。

(2) a. books（「本」が複数あるという意味の名詞），book-ish
        （「本好きな」の意味をもつ形容詞）
    b. happier（「より幸せな」という意味の形容詞），un-happy
        （「不幸な」の意味をもつ形容詞）
    c. wanted（want の過去形で「欲しかった」の意味をもつ
        動詞。e.g. I wanted a new car.），want-ed（「指名手配
        の」の意味をもつ形容詞。e.g. The police arrested the

第 4 章　形態論　　45

wanted man.)
d.　likes（like に 3 人称単数の s が付いた形で「好きです」
の意味をもつ動詞）

　屈折接尾辞は（2）に見られるように品詞変換を引き起こしません。一方，派生接尾辞は（2b）の un- を除いて品詞変換を引き起こします（i.e. book（名詞）→ book-ish（形容詞），want（動詞）→ want-ed（形容詞）なお，（2d）の -s に該当する派生接尾辞はありません）。接頭辞は a-，be-，dis-，en-，out- のように品詞変換を引き起こすものもありますが（e.g. rich「豊かな」（形容詞）→ enrich「豊かにする」（動詞），look「見る」（動詞）→ outlook「眺望」（名詞）），基本的には（3）のように品詞変換を引き起こさないのが特徴です。

(3)　co-operate（動詞「働く」から動詞「協力する」）
　　　counter-argument（名詞「議論」から名詞「反論」）
　　　over-busy（形容詞「忙しい」から形容詞「過度に忙しい」）
　　　semi-active（形容詞「活発な」から形容詞「半活発な」）
　　　super-man（名詞「男」から名詞「超人」）
　　　un-lucky（形容詞「幸運な」から形容詞「不運な」）

(高橋（2016: 61））

　しかし，（2）の屈折接尾辞と異なり派生接頭辞は（3）の下線部の基体の意味を変化させます。
　派生と屈折を区別する二つ目の特徴は，派生は形態論の中で位置づけられのに対して屈折は統語論の中で位置づけらるという点です。派生が形態論の中で位置づけられるというのは派生語や複合語が語形成規則によって生成されると言ってもいいでしょう。一方，屈折が統語論の中で位置づけられるというのは句や文の中での文法関係を捉えるときの統語規則として屈折語が生成されると言えます。
　たとえば，屈折を促す複数形の s や比較級の er は次のような句

や文の構造において義務的にそれらの接辞を付加されなければならないことがわかります。

(4) a. these books (*these book), those books (*those book)
    b. Tom is taller than Mary. (*Tom is tall than Mary.)

統語規則は形態規則のあとで順序付けられることが生成文法では決められていますので派生接辞と屈折接辞が同時に生じるときに，その接辞の順序付けは「派生→屈折」となりますが，「屈折→派生」とならない点は日本語も含めて重要な接辞の順序付け制約を示します。

(5) a. king-doms (*kings-dom), work-er (*worked-er),
       book-cases (*books-case)
    b. 割り箸 (*割れた箸)，子供新聞 (*子供たち新聞)，
       学生会館 (*学生たち会館)

(5b) の日本語の例は複合語の中に過去時制や複数形の屈折要素が入っていますので「屈折→派生」の順序付けとなり排除されます。もちろん，「割れた箸」が句の解釈であれば正しいのですが，複合語としては正しい解釈は得られません。(5a) の派生語や複合語においても語の中に句や文の機能要素を取り込めないという句排除の制約 (No Phrase Constraint) が働いていることがわかります (影山 (1999: 11))。

練習問題

1. 次の語の各接辞を派生接辞か屈折接辞かに分けなさい。また分けた根拠を述べなさい。

a. heatedly　　b. unharmful

c. agreements　d. interestingly

2. 次の二つの文を比較して，heated の -ed の接尾辞が派生と屈折

の両方の働きがあることを説明しなさい。

a. He had a heated argument with his boss about the new plan.

b. He heated the room comfortably.

3. 次の語が容認されない理由を句排除の制約から説明しなさい。

a. *recogn-izes-able b. *longer-ness

c. *babies-like d. *duties-free

第5章　言語習得

　この章では，母語獲得（第一言語習得とも言います）と第二言語習得について学びます。5.1 節では，母語獲得における母語知識とは何かについて英語と日本語の事例を挙げて説明します。5.2 節では，幼児は範疇を直観的に理解し，構造を認識していることを英語の四つのテストを通して論じます。5.3 節では，母語の獲得の仕方について生成文法の観点から述べます。5.4 節では，第二言語習得（SLA）における学習時間の問題を指摘し，より良い動機づけが外国語を習得するのに大切であることを主張します。5.5 節では，第二言語習得研究としてどのような立場があるのか，どのように英語学習に活かせば良いのかについて検討します。

5.1.　母語獲得における母語知識とは何か

Keywords: 母語，種固有性，only の解釈，目的語「を」格の省略・「～のこと」付加

　母語（native language）とは，子供が生まれ育った環境で自然に身につける言語のことです。人種には関係しません。日本人でも英語圏で育ち英語を母語として身につければ，英語が母語になります。

第5章 言語習得 49

　乳児はことばをまだ話せませんが，1〜2歳ごろになると幼児は
ことばを話せるようになります。4〜5歳になると大人と十分に会
話することができるようになります（5.3節を参照）。
　ヒトと動物の違いはコトバを使えるかどうかという点にあります
が，動物にもコミュニケーション能力があると一般に言われていま
す。たとえば，ミツバチのダンスは有名ですが，稲木・堀田・沖田
（2002: 182）によると円形・カマ型・尻振り型の三つがあるようで
す。巣と蜜の距離によってダンスの型が決まります。蜜が巣から近
いところにあれば，円形にミツバチは飛び，それより遠くなればカ
マ型，さらに遠くなれば尻振り型になります。ダンスの回数や活発
さによって蜜の質も伝達できるようです。
　杉崎（2015: 4）によると，ヒトと動物とのコミュニケーション能
力の大きな違いはヒトだけが母語知識として階層的な構造を理解で
きる点を挙げています。この能力は母語知識の種固有性（species-
specificity）と呼ばれます。
　本節では杉崎（2015）に従い，日英語の階層的な母語知識とはど
のようなものかを紹介します。まず，次の英語の解釈を考えてみま
す。

(1)　John only watched the movie.

「ジョンはその映画を見ただけだ」という解釈はできますが，「ジョ
ンだけがその映画を見た」という解釈はできません。つまり，only
の修飾先は動詞句であって，主語ではないということです。もし，
only が何を修飾するかを（2a）のような線形的な横並びの構造で捉
えると，only は主語 John も修飾できることになります。一方，
（2b）の階層的な構造で捉えると，only は watched the movie しか
修飾できないことがわかります。

(2)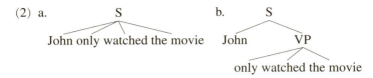

onlyが同じ構造的高さのものだけ((2b)の場合はVPの句)を修飾できると仮定すれば(1)の文が「ジョンだけがその映画を見た」とならず,「ジョンはその映画を見ただけだ」と解釈される理由がわかります。onlyは基本的に修飾する語(句)の前におくということを合わせて考えるとOnly John watched the movie. が「ジョンだけがその映画を見た」という解釈になります。英語の母語話者は母語知識としてonlyの解釈を階層的に捉えることができるということです。

次に,主部と述部の関係が(2b)のように階層的に働いていると考えられる日本語の事例を紹介します。

(3) a. 花子がそのリンゴを食べた。
    b. 花子がそのリンゴ＿食べた。
    c. ?花子＿そのリンゴを食べた。
(4) a. 花子が太郎を探している。
    b. 花子が太郎のことを探している。
    c. *花子のことが太郎を探している。

(3)は格助詞の「が」と「を」のどちらが省略できるかを考えています。(3c)のように主語の「が」格を省略すると目的語の「を」格を省略するよりも容認性が下がる傾向があります。また,(4)では「〜のこと」を目的語に付けた場合は正しい表現ですが,主語に付けた場合は非文となります。

(3)(4)の事実を説明するには英語の(2b)の階層的な構造を仮定して,主部と述部では階層が異なり,述部の動詞と目的語が密接に結びつくので目的語の「を」格の省略や目的語に「〜のこと」が

付けられるということが捉えられます。杉崎（2015: 17）は他動詞構文の基本的構造は生得的に与えられ UG（p. 3 を参照）の原理を反映したものであると考え，(5) のようにまとめています。

(5) 仮説：
「他動詞文は階層構造を持つ」という性質は，UG の原理を反映したものである。

(6) 母語獲得への予測：
幼児の母語知識においても，観察しうる最初期から，他動詞文は階層的な構造を持つ。

練習問題

1. 次の各文における only の解釈をしなさい。ただし，大文字体は主強勢を示す。

a. John only gave the flower to MARY.

b. John only gave the FLOWER to Mary.

c. He only gave the flower to Mary.

d. Only John gave the flower to Mary.

2. 次の二字漢語動名詞 ＋「する」の表現が「を」格を取らないのはなぜか考えなさい（動名詞については 11.4 節を参照，下記の用例は小林（2004: 50-51）より）。

a. 逮捕する／*逮捕をする

b. 帰国する／*帰国をする

c. 到着する／*到着をする

d. cf. 研究する／研究をする

5.2. 幼児の範疇理解と構造の関係

Keywords: 範疇，範疇を理解する四つのテスト：移動・代用・省略解答・
　　　　　　等位テスト

　幼児がコトバを発するときに，耳にしたことのない表現をすることがあります。たとえば，ブロックを組み立てている3歳の男の子に，何を作っているのと尋ねると「これはコンカンケンシ」と答えました。彼は「新幹線」のことはよく知っていてその発音もできます。しかし，それは「シンカンセン」なのと聞くと，違う「コンカンケンシ」と繰り返しました。彼は自分の中ではオリジナル作品を組み立て，それを新たに「コンカンケンシ」と呼んだのです。新幹線に少し似ていて，自分では「新幹線」ではなくて「コンカンケンシ」だったのです。ここで，その音の発想も面白いですが驚いたことは「コンカンケンシするの」と動詞的に尋ねたら「コンカンケンシしない」と怒って答えました。「これはコンカンケンシ」だよ。この事実は，幼児は早い段階で範疇（＝品詞）を理解しているということを示しています。

　英語でも，5歳の男の子が I can do all the <u>wessues</u>. と言って，wessues が何を意味しているかわからないけど，母語話者はそれが名詞であることがすぐに理解できます。Black and Chiat (2003: 29) によると，名詞は (1a) のように all the の後の同じ環境に生じますが，(1b) のように，動詞は (1a) と同じ環境には生じないことから，直観的に母語話者は品詞の置かれる位置を理解しています。

(1) a.　I can do all the questions／gestures／songs.
　　b.　*I can do all the opens／asks／sings.

したがって，同じ wessues が (2) のように異なる環境を与えられると今度はそれが動詞であるということを直観的に理解する能力が母語話者にはあります。

第5章　言語習得　　53

(2)　That robot wessues me.

　ここで大切なことは語彙そのものが名詞や動詞になるのではなくて，文中（あるいは文脈）の位置に応じて範疇が決まるという点です。

　それではどのようにして構造が一つの単位，構成素（constituent）になることを母語話者は言語直観的に知ることができるのでしょうか。Black and Chiat（2003: 59-64）によると，次の四つのテストによってそれを計ることができると仮定しています。

(3) a.　移動テスト（movement test）
　　 b.　代用テスト（proform test）
　　 c.　省略解答テスト（elliptical answer test）
　　 d.　等位テスト（coordination test）

たとえば，I bought that blue book yesterday. の下線部が名詞句の構成素であることを（3）のそれぞれの基準テストに当てはめて考えてみます。

　(3a) の移動テストは具体的には受動文や分裂文（＝強調構文）に見られます。

(4)　That blue book was bought（by me）yesterday.
　　　It was that blue book that I bought yesterday.
　cf. *That blue book yesterday was bought（by me）.
　　　*It was that blue book yesterday that I bought.

下線部の that blue book yesterday を含む文が受動文や分裂文を成立させない非文であることから下線部の要素は構成素ではなくて，that blue book が構成素であることがわかります。

　(3b) の代用テストを考えてみましょう。

(5)　I bought that blue book yesterday but it（＝that blue book）is a present for Jill.
　　　I bought that blue book yesterday but it（＝*that blue

book yesterday) is a present for Jill.

主語 it の代用テストは移動テストと同様に that blue book yesterday は構成素ではなくて，that blue book が構成素であることを予測させます。

(3c) の省略解答テストは wh 疑問文の問いかけに，文全体で答える必要はなく，省略して解答ができるテストのことです。When? に対して yesterday のように答えることができます。What did you buy yesterday? に対して解答は That blue book であって，*That blue/*Blue book/*That blue book yesterday でないことから That blue book は名詞句の構成素であることがわかります。

(3d) の等位テストは，A and B の構造において A と B には同じ構成素が来なければいけないという制約があることから that blue book と that blue book yesterday が同じ構成素ではないということがこのテストによって見極めることができます。

(6) *I bought that blue book yesterday and this red pen.
 cf. I bought that blue book and this red pen.

Black and Chiat (2003) は，英語の母語話者（幼児）は名詞や動詞のような範疇を無意識に理解でき，(3) のような統語テストによりその範疇の存在を確認できる能力があると説明します。私たちは母語（日本語）の直観をもっていますが，第二言語（英語）のそのような直観をもっていません。したがって，SLA の英語学習者は英語母語話者の直観が働いて構成素を理解している (3) のようなテストを実際に試して把握しておくことは直観的に言語の構造を捉える上で重要なことだと考えられます。

練習問題

1. 次の二つの文は表面上似ているが異なる内部構造をもっている。本節の (3) の基準テストのいずれかを導入して，up の範疇

が異なっていることを示しなさい。

a. John ran up the bill.

b. The cat ran up a tree.

2. 次の文の（a）の下線部が名詞句であり，（b）の下線部は名詞句でないことを（3）の四つのテストを用いて説明しなさい。

a. I bought a red handkerchief yesterday.

b. I bought a red handkerchief yesterday.

3. 私たちは本節で述べた範疇の理解と共に，言語直観として曖昧性を理解する能力があると言われている。次の英語の曖昧性について構造的にその差異を考えなさい。

　　　Mary told the man that she liked the joke.

(Black and Chiat (2003: 52))

5.3.　人間の頭の中に普遍文法がある

Keywords: 普遍文法，語順，主要部，付加詞，補部，主要部末尾言語，主要部先頭言語

　私たちは生まれて4歳から5歳ごろになるまでには，母語を完全に習得すると言われています。人種とは無関係に，育った環境でどの言語でも話すことができます。日本人の赤ちゃんでもイギリスやアメリカ本土で成長する機会があれば英語という個別言語（particular language）を習得することができます。しかも，その習得過程が非常に早く無意識に行われるので母語獲得は暗示的知識（implicit knowledge）に基づいています。一方，外国語として意識的に学ぶ場合は明示的知識（explicit knowledge）を習得しなければなりません。学校で英文法を習う時のスタイルです（5.5 節参照）。

　乳児は2〜3ヵ月頃は「アー」「クー」のようなクーイング（cooing）時期があり，6〜10ヵ月頃には「アアア」「ババババ」のような喃語（babbling）時期があります。幼児の1歳半までにはいわゆる

1語だけを話す時期で「ママ」「ブブ」のような一つの単語やオノマトペを発します。程度差はありますが，それから2歳半までの約1年間に一斉に文法獲得をし，2語文の「ママ，ねんね」や3語文の「ママ，ブブ，どうじょ」のような文を発話するようになります。また，名詞の複数形や動詞の活用変化もこの時期に習得されると言われています。4歳になると，ことば数も増え大人と普通に会話できるようになります。ただし，発音がしにくい単語は発音しやすいように音を入れ替えることがあります（e.g.「エレベーター」を「エベレーター」，「からだ」を「かだら」）。

このように幼児は同時期に均一に，急速に，言語習得（language acquisition）を行ないます。この事実を説明するのにアメリカ，MIT教授のNoam Chomskyは（1）のような生得性仮説（innateness hypothesis）を提案しました。

(1)　Lの経験　→　言語機能　→　Lの文法

Lは環境に応じて与えられる言語を示し，言語機能（language faculty）は人間の頭の中に生得的に具わっている装置です。普遍文法（UG）のプログラムがこの言語機能の中にあると仮定されています。したがって，だれでもLの経験が入力（input）されるなら，同じ普遍文法のメカニズムによって，どの言語も習得できることになります。Lの文法は言語機能の出力（output）として獲得された言語の個別文法（particular grammar）を示します。

それでは，普遍文法とはどのようなものかを見るために，日英語の（2）（3）の二つの文を比較して語順（word order）の違いを検討していきます。

(2)　彼女は公園でリンゴを食べた。
(3)　She ate an apple in the park.

(4)（5）に見られるように（2）の日本語は語順がSOVとなり，(3)の英語は語順がSVOとなります。意外と逆に思っている人が多い

のですが，世界の言語としては日本語の SOV 型が多いのでどのような言語が日本語以外にあるのか調べてみましょう（練習問題 1）。

(4)　　彼女は　　公園で　　リンゴを　　食べた
　　　　　S　　　付加詞　　　O　　　　　V

(5)　She ate an apple in the park
　　　S　　V　　O　　　付加詞

　日本語の「は」「で」「を」は助詞と呼ばれ，文中で語と語の関係を明示させる働きがあります。付加詞（adjunct）はいわゆる修飾語のことですが，厳密に定義すると文の中では，あってもなくても構わない任意的（optional）要素を示します。すなわち，付加詞（公園で，in the park）がなくても「彼女はリンゴを食べた。」や She ate an apple. は文として成立します。

　一方，ate an apple の an apple は何を食べたのかを eat の目的語として必ず明示しないといけない義務的（obligatory）要素なので，動詞の補部（complement）と呼ばれます。

　義務的な要素の補部がなければ「?彼女は公園で食べた」や *She ate in the park. は不自然な文として聞こえます（? マークは不自然な意味をもつ文の前に付け，* マークは文法的に正しくない文の前に付けます。2.1 節の p.9 を参照）。しかし，日本語では前文脈が与えられると主語や目的語を省略することができます（e.g.「彼女はどこでランチを食べたの」「公園で食べたよ」），

　一方，英語では主語や目的語が欠けると文脈が与えられても正しい英語にはなりません（cf. *ate an apple in the park）。eat の動詞には動作主（agent），すなわち主語と，主題（theme），すなわち目的語の二つの項（argument）が必ず必要になり，eat は 2 項動詞の結合価（valency）をもっていることになります。なお，主題というのは状態変化を受ける対象のことで，項というのは基本的に名詞（句）や前置詞句のことを指し，義務的要素とほぼ同じ意味と捉えて構いません。

動詞は動詞句（verb phrase, VP）を構成しますが，前置詞（preposition）は前置詞句（prepositional phrase, PP）を構成します。また形容詞（adjective）は形容詞句（adjective phrase, AP）を，名詞（noun）は名詞句（noun phrase, NP）を構成します（それぞれの品詞に下線を引いています）。

(6)　動詞句　　リンゴを食べる　eat an apple
(7)　前置詞句　公園で　　　　in the park
(8)　形容詞句　犬が恐い　　　afraid of a dog
(9)　名詞句　　言語学の学生　students of linguistics

句を形成するのは（6）から（9）の下線部が示すように動詞，前置詞，形容詞，名詞が句の内部に義務的に含まれるからであり，各品詞は全体の構成要素（XP）の中心（X）になることから主要部（head）と呼ばれます。

主要部と補部の位置関係を見ると日本語では主要部が後に来て，英語では主要部が補部の前に来ていることになります。したがって，幼児は主要部末尾言語（head-last language）か主要部先頭言語（head-first language）のいずれかを見極めるだけでよく，(1)におけるLの経験を通してその2値的なパラメータの選択を自然に行うことができます。この主要部位置のパラメータが普遍文法の一つとして考えられています。

(6)(7)の樹形図を描くと，(6′)(7′)のようになります。日本語と英語の主要部の位置の違いを確認してみましょう（この時点で日本語は前置詞ではなくて位置関係から後置詞になることも理解できます）。この樹形図は1965年に書かれたChomskyの著作，*Aspects of the Theory of Syntax* に基づく標準理論（Standard Theory）における書き換え規則（PS ruleと同じもの。6.1節を参照）に従ったものです。その後，修正され，自然言語全般を捉えるX-bar theory（6.1節を参照）へと発展します。なお，△は内部の構造が直接議論に関係しない場合に，内部構造の途中経過を省略するという意味で以降使います。

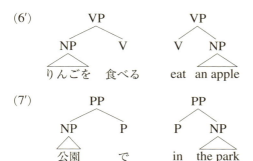

練習問題

1. 日本語と同じ SOV の言語にどのような言語があるのか調べなさい。

2. 次の下線部の要素が付加詞か補部か答えなさい。
   a. He put the book on the desk.
   b. She is afraid of a dog.
   c. Tom bought a computer by cash last September.

3. 次の (1) と (2) の問いに答えなさい。
   (1) 下記の (a)-(e) の英語を日本語にしなさい（前置詞句（下線）の意味が「に」と「で」のどちらになるのかを考えること）。
   (2) (a)-(e) の下線部における前置詞句の補部と付加詞の区別をし，二つの助詞「に」と「で」によって補部と付加詞の要素が区別できるのを確認しなさい（ヒント：名詞には「モノ名詞」と「デキゴト名詞」の二つのタイプがあり，助詞と名詞の意味の違いが関係する）。
   a. A TV is put in this room. (cf. There is a TV in this room.)
   b. There is a meeting in this room.
   c. Tom jumped on the desk.
   d. John gave a book to Mary. (cf. *John gave a book.)

e. Mary baked a cake for John. (cf. Mary baked a cake.)

5.4. 第二言語習得と動機づけ

Keywords: 指導を受けた SLA，総合的動機づけ・道具的動機づけ，国際的
志向性

　第一言語習得は母語獲得のことを言うのに対して，第二言語習得
（以後 SLA と記します）は母語のあとに習得される外国語，たとえば
母語が日本語であれば英語や韓国語や中国語などの習得を指して言
います。近年，SLA についての研究が盛んです。それは英語教育
が小学校にも取り入れられ，SLA の必要性が高まり，第二言語と
しての英語をどのように英語教育に応用すれば良いのか，いつ始め
るのが良いのか，臨界期との関連性など，教授者サイドだけでなく
外国語学習者にとっても知っておくと言語学習が有利に働く研究対
象になるからです。白井（2012: 2）によると，北米では TESOL
の教授法プログラムとして必須科目に第二言語習得論の授業が組み
込まれているが，日本の英語教員や外国語教員養成プログラムでは
まだ必須科目になっていないところが多いようです。粕谷恭子ほか
（2016）は，コア・カリキュラムの試案として，生徒の英語学習を
成功に導く上で，小学校，中学・高等学校の教員養成科目として，
第二言語習得論の理解が大切になってくると述べています。今後
は，第二言語習得論も大学の教職科目として必須科目になっていく
ものと思われます。

　私たちは，母語（日本語）をすでに獲得したあと，SLA を行うの
が一般的です。なぜなら，英語圏での生活と異なり，幼いときから
自然に英語の環境に触れる特別な環境設定を日本では与えることが
できないからです。教室環境で習得される「指導を受けた SLA」
と「生活の中で自然に身につける SLA」の二つを区別して考える
必要があります。指導を受けた SLA は時間的制限があるため，母
語話者と同じ状態（バイリンガル）になることは期待できそうにない

と考えられます。早期英語教育の間違った見方ですが,「英語を早く学び始めれば,母語話者のようにペラペラになるのではないか」という幻想です。

白畑（2012: 8）によると今は中学での授業時間数は年間140時間だから,3年間で420時間の英語を勉強する機会があります。しかし,英語圏で生活すれば1日で8時間ぐらい英語を聞く環境にいるので420時間を8時間で割ると52日ほどの英語圏での生活日数にしかならないと説明しています。日本の環境では母語話者のようにはならないにしても努力しだいで母語話者に近づくことは可能だと仮定し,どのようにすれば英語の4技能を伸ばせるかの観点からSLAの研究が実践されています。この節では,SLAを活かした英語教育の学習法（次節で述べます）を見る前に,どのような動機づけが英語の学習者に必要であるかを考えてみます。

白井（2011: 156）は,動機づけとして「統合的動機づけ（integrative motivation）」と「道具的動機づけ（instrumental motivation）」の二つがあると主張します。前者はNativeの人と仲良くなりたい,そういう人の文化に触れたいという動機づけで,後者は英語が入試にあるから勉強したいや,TOEIC手当が月に3000円付くからTOEICの点数を上げたいという具体的な「道具」や「手段」としての動機づけと説明しています。白井によると,「統合的動機づけ」がなくても「道具的動機づけ」が非常に強ければ,最近では習得につながるということがわかってきたそうです。また,白井（2012: 21）によると関西大学の八島智子氏の提案した国際的志向性（international posture）という動機づけが大切で,英語でコミュニケーションをとることによって行動に結びつけることができるようになること,英語が英米語だけではなく,アジアをはじめヨーロッパ全体で英語が世界の共通語になっていることに気づくことが国際的態度や国際的姿勢を身に付けることになり今後は益々重要であると主張しています。国際理解に立つ上での国際英語の重要性はグローバル社会において必要なものです。

大学生に入学した1年生に「なぜ英語を勉強したいのですか」と
アンケートで尋ねると，多くの人が「統合的動機づけ」を書いていま
す。「外国人と英語を話したい」，「海外に旅行したときに英語を
使いたい」など，と回答しています。英語力を高めるために「英語
が良く読めたり」「十分に書けたりするように」と具体的な「道具
的動機づけ」につながる回答をする人は少ないようです。日本の社
会では後者の動機づけのほうが学習行動に結びつけることが可能で
あり，「統合的動機づけ」は単なるアンケート結果に留まり，目標
を定めて行動に移すことは実際のところ難しいと考えられます。し
たがって，日本の社会にあっては大学生の動機づけは外国語能力試
験を受けて英語力を伸ばすとか，TOEIC の点数を上げて就職を有
利にするとか英語教員採用試験の英語試験の免除を考えるという実
際的な方向性をもつことのほうが現実的に捉えることが可能で，目
標を定めやすいという考え方も成り立つのではないかと思われます。

もちろん，海外旅行も含めて留学は個人の問題で，「百聞は一見
に如かず」だから海外を経験することは見聞を広める意味で良いこ
とですが，言葉の問題だけではなく，海外の環境や食べ物に合わな
いなどの理由で留学をしたくない人もいるのは事実です。留学に関
して言えば，一部の人に限られ，学校全体で行動できない面があ
り，奨学金制度の問題や個人的には留学費用や適応性の問題があり
ます。また，留学しても，成果が得られず，ホームステイ先や寮で
部屋に閉じこもったり，本来の目的を離れてショッピングに没頭し
たりして，習得すべき単位を満たせず帰国させられるケースも起こ
り得ます。その意味でも，どのような動機づけをもって留学するの
か，積極的に行動に移せるのかということが重要です。

ベネッセ教育総合研究所が 2015 年 3 月に全国の中高生 6200 人
を対象に行ったアンケートによると教室の外で「自分自身が英語を
使うイメージがあるか」という問いかけに，中学生の 44％が，高
校生の 46％が「英語を使うことはほとんどない」と回答しました。
これは教室の外では英語を話す機会がほとんどないと言っているこ

とになり，実用的な英語を学ぶ環境を日本の社会で経験することは難しいということです。学校や仕事で英語を使うことの必要性を中高生が9割以上，感じているのとは裏腹です。文科省は教員が教室では英語を使って授業を行うことを奨励していますが，実際の海外で使用される場面とは明らかに異なり，中高生にとってはわざわざ英語を使う必要性もなく，教室の中での挨拶や質問に対する答えを英語で言う決まった言葉のやり取りだけに終わり，生徒が自分の考えや意見を英語で述べるという段階には達していないのが現状ではないでしょうか。AET（Assistant English Teacher）やJETプログラムのALT（Assistant Language Teacher）の導入によって英語に触れる機会は増えているものの，帰国子女の英語に触れる時間とは雲泥の差があり，動機づけを単なる憧れから現実のものに変えていき，そこから英語力の向上を目指すという流れも一考に値すると思います。

練習問題

1. 英語を話す機会を日本ではどのようにすれば得られるか考えてみなさい。

2. 外国語能力の判定として2001年に，欧州評議化（Council of Europe）がCEFR（Common European Framework of Reference for Languages）（ヨーロッパ言語共通参照枠）という基準を発表している。どのような基準かインターネットで調べてみよう。

5.5. 第二言語習得研究を活かした英語学習法について

Keywords: インプット仮説，自動化理論，アウトプット，明示的知識，暗示的知識

1960年代に始まったSLAの代表的な研究としてKrashen（1985）のインプット仮説とAnderson（1985）の自動化理論の考え方があ

ります（詳細は，白井（2011, 2012），坂本（2015），大関（2015）を参照のこと）。

Krashen（1982, 1985）は，第二言語習得にはインプットが重要であると考え，インプット仮説（Input Hypothesis）をはじめ，習得学習仮説（The Acquisition-Learning Hypothesis），モニター仮説（The Monitor Hypothesis），自然順序仮説（The Natural Order Hypothesis），情意フィルター仮説（The Affective Filter Hypothesis）の五つの仮説の提案を行いました。

インプット仮説は具体的には Listening と Reading のインプットを与えることによって言語習得が自然になされるという考え方で，speaking や writing のアウトプットは言語習得には必要ではなく，文法のような明示的知識は形式的に学習された知識で，修正・調整・モニターするときに使用され，意味に焦点を合わせた自然なコミュニケーションの結果として無意識的に習得される暗示的知識に繋がらないという仮説です。

一方，自動化理論は明示的知識を与えても車の運転や水泳の練習のように繰り返し練習することにより，自動的（無意識的）に明示的知識が使えるようになり，スキル習得に繋がるという考え方です。

習得と学習はコミュニケーションの中で無意識に身につけるか意識的に教室で学ぶかというスタイルの違いですが，インプット仮説は学習によって得た知識はモニターする機能しかなく，文法的な教室での説明は習得に結びつかないことを Krashen は強調しています。

柴田・横田（2014: 28）によるとインプット仮説の特徴を（1）のようにまとめています。

(1) a. 学習者の現在の外国語習得レベル（i）より少し上の（＋1）のレベル，すなわち理解可能な（i＋1）レベルのインプットを大量に与えることで習得が促進される。

b. 学習者はインプットから文法などの言語知識を習得する。つまり，意識することなくそれらを身につけること

ができる。こうして身につけた知識は学習した知識とは異なる。

柴田・横田（2014: 30）は日本の英語の授業時間数を考えてもインプットだけでは文法を習得することはできないと考えています。また，高校受験や大学受験の影響もあり，理解可能なレベルでは入学試験に追いつかないことになり，難しいレベルの高い教材を選択し，教室では語彙や文法を明示的に指導していかなければならないと主張しています。

「読む」「聞く」のインプットに対して「話す」「書く」はアウトプットになりますが，第二言語習得にはこのアウトプットの必要性もあると Swain（1985, 1995）は主張しています。そもそもインプットだけでは意味的な処理だけに終り文法的な処理ができないので，アウトプットすることにより語順や文法を意識しやすくなるという考えです。

白井（2012: 60）はアウトプットの効用として Swain を引用して次の三つを挙げています。

(2) a. 自分の英語のギャップ，つまり自分はどこが言えないかについて気がつく。

　　b. 相手の反応をみることにより，自分の英語が正しいかどうか，通じるかどうか，仮説検証ができる。

　　c. 学習者が，自分やお互いの言語について，コメントしたり話したりすることにより，言語に対する意識（メタ知識）が高まる。

(2) は自分の表現の形式的な面に注意が促されますが，白井は「アウトプットは自動化につながる」と指摘します。知識としてもっているものを口に出すことによりゆっくりではあるが何かを伝えることができます。ただし，新しい知識ではなくてすでに頭の中にある知識なのでインプットすることがアウトプットより大切であると彼

は考えます。

　2人以上の言葉のやり取りによってコミュニケーションを促します。自分の表現が間違っていれば相手から訂正をしてもらえるので，場面に応じた話し方ができます。(2c) で述べていることはインターアクション的な効用です。

　日本のこれまでの英語教育は文法訳読方式で，自動化モデルと呼ばれています。つまり，あらかじめ文法などの知識を詰め込んでおけば練習によって自動化されるという考え方です。しかし，実際は英語を読めることはできても話すことはできない，使える英語ができないという問題が生じています。

　文法も本を読むことによって理解することなのでインプットであり，英語を話したいという動機をもつだけではなくて，コミュニケーションに役立つ文法はマスターしておく必要があります。生成文法の知識は母語話者の言語直観的知識なので暗示的知識を明示的に説明していることになります。一方，学校文法は学校文法に基づく形式的知識なので繰り返し詰め込んでも暗示的知識にはなかなか結びつかず自動化するのは難しいのではないかと思われます。

　上記のいずれの仮説や理論も発展や応用がありますが，白井 (2011, 2012) は受容バイリンガル（相手の話は理解できるが話せない人のこと）の人が多くいることやテレビを見るだけでは習得ができないことからインプットだけではなくアウトプットさせることによって意味的なプロセスから文法的なプロセスにまで進める手段につながると考えています。

　白井 (2012: 14) によると，外国語学習に成功する人は次の五つの特徴をもっている人だと説明します。

(3) a.　若い
　　b.　母語が学習対象言語に似ている
　　c.　外国語学習適性が高い
　　d.　動機づけが強い

第5章　言語習得　　67

　　e.　学習法が効果的である

白井は（3d, e）に下線を引いて，「教師としては，学習者の動機づけを高め，効果的な学習法をとれるように導いていくことに集中すればよい」と主張します。（3a）は年齢には制限（臨界期）があり，（3b）は韓国語のような言語は日本語と語順は同じだが文字が違うのでポルトガル語とスペイン語のように方言的な差の感覚では習得できないし，（3c）は人によって適正能力が違うということが原因していて外国語学習には難しい面があります。

　　（3d）の動機づけについては5.4節で言及しました。ここでは（3e）について考えてみます。学習法が効果的というのは教材や教授法ということが関係します。教材は興味あるものや理解できるものが重要で，動機づけを高めるかどうかにも繋がります。同じ教材でも繰り返し使用することによって理解可能なインプット（comprehensible input）（（1a）参照）の量が増えることによってアウトプットもしやさしくなると思われます。Listening で内容が理解できなければ Reading で内容を確認し，再度 Listening を繰り返すという方法です。

　　白畑（2012: 3）によると，第二言語習得理論の研究によって，文法習得において難しいものと簡単なものがあるということがわかってきたそうです。難しいことは何度教えても理解できないことになります。教師はそのことを理解しておく必要があります。たとえば3人称単数の s を付けることを教えることは中学生にとってかなり難しく，大学生になってもその s を落としたりする。また，これは意外なことと思われますが，不規則動詞の went や came の習得のほうが規則動詞の -ed の習得より簡単であるという事実です。英語以外のフランス語や中国語を母語として英語を学ぶ人にとってもその学習困難さの順番は同じである点は興味深いです。

　　SLA の研究から学ぶことは個人の適正能力に応じた学習法を生み出すことですが30人や40人の教室で一斉に行うことは難しい

です。文法項目で理解しやすい項目とそうでない項目がなぜ存在するのか明示的知識で説明する必要があります。母語を獲得したあとに大量のインプットが暗示的知識に繋がるのかどうかはまだ不明瞭です。英語学習法として一番適切である方法はまだ見つかっていないのが現状だと考えられます。

練習問題

1. 白井（2012: 30）によるとコミュニケーション能力（communicative competence）には四つの能力が必要であると考える。どのような能力か調べてみなさい（Canal and Swain（1980）を参照）。

2. 畑佐（2015）を参考にして明示的知識と暗示的知識の違いについて述べ，両観点から第二言語習得論の現状について研究しなさい。

3. Krashen の自然順序仮説（The Natural Order Hypothesis）に基づいて形態素が習得される順序は（i.e. -ing，複数形，連結辞（to be），助動詞（進行形），冠詞（a），冠詞（the），不規則動詞過去形，規則動詞過去形，3 人称単数（s），所有格（s））であるが，実際の教科書で教えられる内容がこれらの順序に適合しているか調べなさい。

第6章 統語論

　本節では，文や句の構造を樹形図で表します。6.1 節では，句構造や X'構造の仕組みについて考えます。6.2 節では，助動詞の構造を表し，6.3 節では，助動詞縮約現象について言及します。6.4 節では，wh 移動に関わる制約やその痕跡の意味について触れます。6.5 節では，代名詞と先行詞の関係を先行と統御の関係で捉えます。

6.1. 文の生成過程とは

Keywords: 5 文型の問題，句構造規則，樹形図，X' 構造，語彙範疇，機能範疇

　文の構造を考えるときに学校文法では，基本的に次の 5 文型のパタンを念頭に置き，教えられます。すなわち，第 1 文型 The bird flew.（S + V），第 2 文型 John is a doctor.（S + V + C），第 3 文型 I like melons.（S + V + O），第 4 文型 Mary gave Tom a chocolate.（S + V + O + O），第 5 文型 We called the dog Pochi.（S + V + O + C）として文が分析されます。

　では，（1）から（3）の下線部はどのように分析されるのでしょうか。

69

(1)　John is very fond of cats.

(2)　Tom put the key in his pocket.

(3)　The boy went upstairs.

　下線部は5文型の要素に当てはめることができないので迷うことでしょう。下線部が述部（predicates）を修飾するので副詞（句）だと考える人がいるかもしれません。それは機能的には正しいのですが，5.3節で見た She ate an apple in the park. の下線部の副詞表現とは少し性質が違います。この場合，in the park の下線部は任意的要素なので省略が可能ですが，（1）から（3）の下線部は義務的要素（項とも言います）になっている点が異なります。

　Quirk et al. (1972: 343) は（1）から（3）の下線部のような義務的要素を副詞類（Adverbial）（A と略）と呼び，SVA と SVOA の二つの文型を追加し，7文型を英語の構文のパタンとして位置付けています。

　5.3節の分析に従うと（1）から（3）の下線部は補部となり，補語ではありません。なぜなら5文型における S＋V＋C や S＋V＋O＋C の補語は形容詞か名詞が来て (e.g. John is *happy/a student.* Mary made her son *sad/a doctor.*)，副詞が来ないからです (e.g. *John is happily. *Mary made her son sadly.) しかし，*John is very fond. や *Tom put the key. や *The boy went. が非文になることから（1）から（3）の下線部は補語ではないにしても文を形成するのに必要な補部要素だとわかります。したがって，その下線部を単に述部を修飾する副詞(句)や前置詞句と捉えるだけでは補部の機能を正しく理解していることにはなりません。5文型は文の構造を捉えるには便利な分析ですが，すべての文が5文型に当てはめることができない場合があるということを認識する必要があります。

　Noam Chomsky は英語の文の創造性と繰り返し的性質（recursiveness）を捉えるために文の内部構造を樹形図（tree diagram）で示し，（4）のような句構造規則（phrase structure rule）（以下 PS rule と言います）を考案しました。

(4) a. S → NP + VP
    b. NP → (Det) N
    c. VP → V (NP)
    d. PP → P + NP
    e. S′ → COMP + S

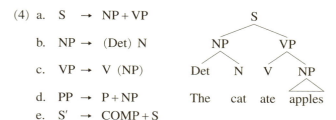

(4a) は文が主部と述部に分かれるように，S(entence) が NP（名詞句）と VP（動詞句）に書き換えられる（→）ことを意味します。(4b) の NP は Det（限定詞）と N（名詞）に書き換えられます。Det というのは Determiner の略で冠詞の the, a(n) や指示代名詞の this, that や所有代名詞の his, her などがその位置を占めます。名詞句の一番左端の要素で一つだけ生じる特性をもっています。したがって，*this her book（この彼女の本）のような Det が二つ重なる表現は英語では不適切で使用できません。(4b) の括弧はその要素はあってもなくてもよい任意的要素になります。すなわち，(4b) は NP → Det N と NP → N の二つの PS rule をまとめたものです。Tom ate apples. の場合は，主語 NP の Tom は冠詞がないので後者の NP → N の書き換え規則に従って (4b′) のように樹形図で描くことができます。

(4) b′.

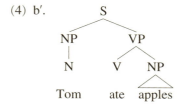

(4c) の VP も VP → V NP と VP → V の二つの PS rule をまとめたものです。他動詞の場合は目的語の NP をとるので前者の

VP → V NP の PS rule が適用され，自動詞の場合は目的語をとらないので後者の PS rule の VP → V が適用されます。

(4) c′.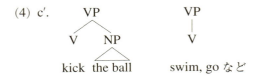

(4b) と (4c) の PS rule は文の基本構造の枠を示していますが，実際の文は (5) のように複雑な構造となります。

(5) b. NP → (Det) (AP) N (PP) (S′)
　　c. VP → V ({NP/AP} (PP) (S′)

(5b) のすべての要素が現れる名詞句は，たとえば，the old theory by a scientist that the earth is flat で，(5c) のすべての要素が現れる動詞句は，The scientist explained the fact to us that the earth is round. / Tom is sure of the fact that the earth is round. です（それぞれの樹形図を (4) の PS rule を用いて描いてみましょう）。ここで S′ (S-bar と読みます) は文の中に別の文を埋め込むときに使います。

(4e) の PS rule の COMP は Complementizer (補文標識) の略で，that, if, whether, for などが来ます。これらの要素は新たな文を主語の名詞句や動詞句の目的語に埋め込みます。たとえば，That he is a spy is clear. と I don't know whether he is a spy. の二つの樹形図を描くと (6) (7) のようになります (Auxiliary (助動詞) の要素は次節で論じるため，本節では省いています)。

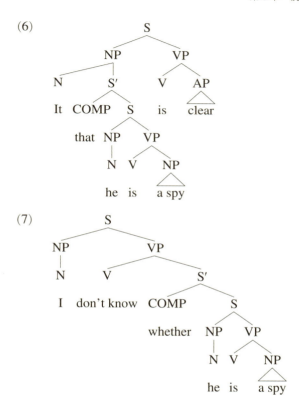

(6) の主語 NP の N (It) は NP の主要部です。S′ の外置変形規則が適用されると It is clear that he is a spy. という文が生成されます。

よく観察すると (5b) の名詞句の PS rule の中に PP (前置詞句) が含まれています。この PP は (4d) の PS rule によって P+NP といつも NP を従えるので，結果として (4d) の PS rule が (5b) の中で繰り返し適用され，名詞句は the post of the post office by the police station near the town …. と反復することができます。同様に，(5c) の動詞句の書き換え要素として S′ が含まれ，結果として (4e) の PS rule が繰り返し適用され，Mike supposed that

Bill believed that John met Mary .... と文を反復することができます。

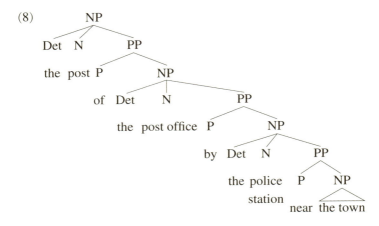

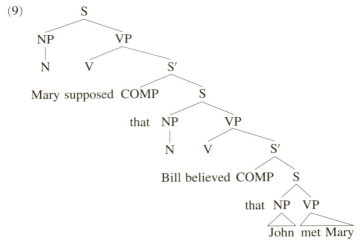

このように文の繰り返し的性質や生成過程を説明する Chomsky の理論は生成文法 (generative grammar) と呼ばれます。

(4) の PS rule は個別の L の文法で自然言語全体に適用できる包括的なものではありません。そこで Chomsky (1970) や Jackendoff (1977) は (10) の X-bar (=X′) 式型を提案し，(11) のような二分枝仮説 (4.3 節を参照) に従う X-bar 構造の樹形図を考案します。そして GB 理論 (Government and Binding Theory) の中で X-bar 理論として確立させます。

(10) a.　XP → 指定部　X′
　　 b.　X′ → X　補部

(11)

(11) は基本的に英語の句構造の共通性に基づいて考えられた構造です。高橋・福田 (2001: 60-61) から引用して，動詞句・名詞句・形容詞句・前置詞句の X′ 構造を比較してみましょう。

(12)

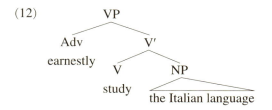

(13)

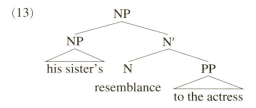

(14)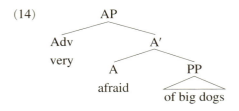

(15)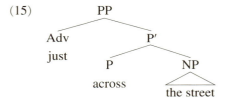

　普遍文法の一つのメカニズムとして人間の頭の中にアプリオリに存在する語順に関するパラメータの値は，主要部末尾言語か主要部先頭言語のいずれかを見極め，(16a) の構造を基にしながら，英語では (16b) の構造を，日本語では (16c) の構造を選択することになります。

(16)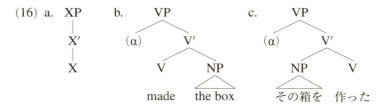

　X (変項) には N, A, V, P のような語彙範疇 (lexical category) と I, C のような機能範疇 (functional category) が具体的に定項 (constant) として入ります (本節では IP (=TP) や CP の構造については触れません。詳細は高橋・福田 (2001) を参照のこと)。たとえば，X に V (made) を入れると動詞句になり，目的語 (the box) の NP は義務的要素で英語では (16b) のように主要部 (made) の右側に現れ，

第6章　統語論　　77

日本語では（16c）のように主要部「作った」の左側に現れます。

練習問題

1. 本文の PS rule を見て，動詞句の語順が V ＞ NP ＞ PP ＞ Clause の順番になぜ決定されるのか，その理由を考えなさい（e.g. John put the dish on the table. cf. *John put on the table the dish. Mary explained to Sue that the weather would become cold. cf. *Mary explained that the weather would become cold to Sue.）。

2. 本文の PS rule に従って，次の文の樹形図を描きなさい。

　a.　Bob bought the house near the lake.

　b.　John gave the book to Bill.

　c.　That he likes fast cars is very clear.

　d.　I know that Mary is afraid of my dog.

3. 本文の（12）から（15）を参考に次の文の X′ 構造を描きなさい。

　a.　right behind you

　b.　quite proud of her daughter

　c.　completely resemble my father

　d.　the student of sociology

6.2.　助動詞の構造

Keywords: 助動詞（AUX）の展開，主語・助動詞倒置，do-support，be-shift，have-shift

　助動詞（Auxiliary, AUX）は can，may，must などを指して捉えている人が多いですが，実際は他の構成素も助動詞になります。学校文法では John must get up early.（ジョンは早く起きなければいけない）のように，get up（起きる）の意味を補うために must が動詞の前に置かれ，その意味を補足しているという意味で補助動詞とも呼ばれます。must は「〜なければならない」の根源法助動詞（root

modal）の意味と，「〜にちがいない」の認識様態法助動詞（epis-
temic modal）の意味をもつという違いがありますが，本節では助
動詞の統語的な特徴に目を向け構造分析を行い，助動詞の範囲を法
助動詞以外のものに拡大して考えます。

　そもそも助動詞は文の中でどのように決定されるのでしょうか。
生成文法は助動詞の定義を否定文と疑問文に求めます。次の（1a）
から（1d）の肯定文に対する否定文と疑問文を考えてみましょう。
（2）は否定文で，（3）は疑問文です。下線部は助動詞です。

(1) a. John <u>can</u> swim in the pool.
　　b. John <u>has</u> arrived at the station now.
　　c. John <u>is</u> singing a song.
　　d. John <u>is</u> happy.
　　e. John answered the question smoothly.
(2) a. John <u>can</u> not (can't) swim in the pool.
　　b. John <u>has</u> not (hasn't) arrived at the station now.
　　c. John <u>is</u> not (isn't) singing a song.
　　d. John <u>is</u> not (isn't) happy.
　　e. John <u>did</u> not (didn't) answer the question smoothly.
(3) a. <u>Can</u> John swim in the pool?
　　b. <u>Has</u> John arrived at the station now?
　　c. <u>Is</u> John singing a song?
　　d. <u>Is</u> John happy?
　　e. <u>Did</u> John answer the question smoothly?

　助動詞は否定文にすると，あとに not（n't）が付加され，Yes/No
疑問文にすると主語の前に助動詞は移動します。（3）は主語と助動
詞が入れ替わるので，主語・助動詞倒置（subject-auxiliary inver-
sion, SAI）と呼ばれます。ここで明らかなことは助動詞として法助
動詞の can, may, must, will 以外に have や be 動詞が含まれて
いる点です。否定文や Yes/No 疑問文に対して共通の統語的振る舞

いをすることが生成文法では助動詞を決定づける要因になります。

　助動詞の特徴としてさらに義務的に時制（tense, T）が含まれます。生成文法では未来時制は存在しません。will は未来時制を示すと言われますが，現在形の can の過去形が could であるように，現在形の will の過去形が would であると捉えます。言い換えると，生成文法は時制には現在時制（present tense）と過去時制（past tense）の二つしかないと捉えます。日本語も現在時制で未来を表します（7.4 節を参照）。したがって，will は「〜でしょう」や「〜つもりです」の未来を表す意味をもっていても時制は現在と仮定します。ほかにも現在時制で未来の意味を表現する方法は可能であることからも未来時制は特に考慮しなくても良いと考えます（e.g. We are to meet at ten tomorrow.（私たちは明日10時に会うことになっている），The film is starting next week at the local cinema.（その映画は地元の映画館で来週上映されます））。古英語（Old English）（3.2 節を参照）に遡ると，現在時制と過去時制しかなかったことからも未来時制の存在はきわめて意味的な根拠に基づいて伝統文法（学校文法）で用いられたにすぎないということです。

　(1e) の場合の助動詞はどこにあるのでしょうか。answered は -ed が示すように本動詞 answer の過去形です。否定文や疑問文にすると (2e) (3e) が示すように did の助動詞が現れてきます。この did はどこから出現するのでしょうか。肯定文では実際に見えないのでしょうか。しかし，実際に見える場合も存在します。それは (4) のように強調を表す do の場合です。

(4)　John DID answer the question smoothly.

　しかし，(1e) には強調された意味は含まれていません。(4) とは構造的に異なります。そこで (1e) の否定文と Yes/No 疑問文の樹形図を (6) (7) のように描いて do の出所を考えてみましょう。Chomsky (1965) は助動詞（Auxiliary）は can のような法助動詞（Modal），完了相の have，進行相の be があり（相はアスペクトのこ

とで，完了形や進行形を形成します。アスペクトについては 7.3 節を参照），Aux の書き換え規則は (5) のようになると仮定します (EN/ING-Hopping, Tense-Hopping という変形規則が適用されると，can have been examining や could have examined などが生成されます (Akmajian and Wasow (1975)))。

(5)　Aux(iliary) → Tense (Modal) (have en) (be ing)

否定文 (not は VP の左端に置かれると仮定します) や Yes/No 疑問文 (SAI) にすると，本動詞や助動詞がすぐ隣にあれば時制 (Tense) はそれらの本動詞や助動詞に付加しますが，それらに隣接しなければ時制だけが宙ぶらりんになるので何らかの本動詞や助動詞の代わりをするものが必要になります。そこで (1e) では助動詞として架空の do を補い，(6) (7) のように do-support を仮定します。do が否定文や疑問文に生じてくるのはこのような理由があるからです。

(6)
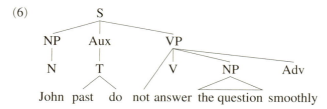

(7)
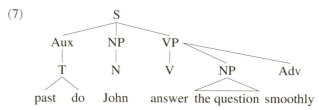

(1d) の John is happy の be 動詞は繋辞 (copula) の be と呼ばれます。

本動詞の be として (8) のように生成されますので be-shift という変形規則が義務的に適用されて be が (9) のように Aux に移動されます (have-shift という任意的な変形規則も考える必要があるでしょう (Akmajian and Wasow (1975) と練習問題 2 を参照のこと)。

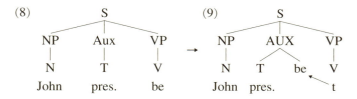

(9) の t は痕跡 (trace) を示します (痕跡については 6.4 節を参照)。

練習問題

1. The doctor must have been examining John. の助動詞を指摘しなさい。

2. John had a lunch at 12:00. と John has a big car. の否定文と疑問文を作り，助動詞の要素を決定しなさい。

3. Tom must have been arrested by the policeman. の樹形図を描きなさい。この問題を解くには，Aux → Tense (Modal) (have en) (be ing) (be en) と句構造を拡張する必要があります。
(助動詞の展開例)
 1. Aux → Tense (Modal)　　e.g. Tom can sing a song.
 2. Aux → Tense (have en) (be ing)
   e.g. It has been raining since last month.
 3. Aux → Tense (Modal) (have en)
   e.g. You must have been young once.
 4. Aux → Tense (be ing) (be en)
   e.g. A new shopping center is being built on the corner.
 5. Aux → Tense (Modal) (be en)

82

e.g. TV may be seen on seven channels in that city.

6. Aux → Tense (Modal) (have en) (be ing) (be en)

   e.g. Tom must have been being examined by the doctor.

6.3.　助動詞縮約

Keywords: 助動詞縮約，移動規則と削除規則の AR の関係，AR の諸制約

　前節で述べたように助動詞は，can, may, must, will のような法助動詞や完了相の have と進行相の be が含まれます。繋辞の be も be-shift 適用後 Aux の位置に移動されるので助動詞の要素であることを見ました。これらの要素のうち，法助動詞の will，完了相の have，進行相と繋辞の be は助動詞縮約（Auxiliary Reduction, AR）という現象（いわゆる下線部の縮約形）が口語スタイルとて生じてきます。

(1) a.　I'll be 20 years old next year.

   b.　He's often been to New York.

   c.　She's eating a delicious cake.

   d.　They're happy today.

　AR の現象は（1）の助動詞（i.e. will, has, is, are）のあとの要素が移動や削除されると（2）のように非文になります。括弧のように AR が生じなければ文法的な文を維持できます（*t* は移動の痕跡を，φ は削除の痕跡を示します）。

(2) a.　*I wonder where John's *t*.　[John is は OK]

   b.　*John's *t* to Mary the best friend in the world.

   　　[John is は OK]

   c.　*You are leaving and he's φ.　[he is は OK]

   d.　*Sam is richer than Bill's φ these days.　[Bill is は OK]

(2a) は John is at school の下線部の場所があれば John's at

school と言えるのですが，下線部の wh（句）移動で文の先頭に where が移動します（i.e. where John is）。(2b) は重名詞句移動で *t* の位置に重名詞句 the best friend in the world がもともと存在していました（i.e. John is the best friend in the world to Mary.）。情報構造の関係で重名詞句は文末に移動します（wh（句）移動と重名詞句移動と *t* の関係については次節で詳しく触れます）。

　(2c)(2d) はそれぞれ動詞句削除（VP Deletion）と比較構文削除（Comparative Deletion）の例です。(2c) は leaving が，(2d) は rich が削除（φ）され AR が適用されない環境になります。

　AR は助動詞の右側の要素が移動や削除によって機能しなくなるだけではありません。助動詞の左側の要素にも制限があります。

(3) a. *Speaking tonight's our star reporter. ［tonight is は OK］
　　b. *Never's he been known to do such a thing.
　　　　［Never has は OK］
　　c. *What I wonder's whether we'll win.
　　　　［wonder is は OK］
　　d. What I eat's none of your business.
　　　　［自由関係詞は AR が OK］

これらの AR が許されないのは Kaisse (1983: 108) によれば (4) のような制約が働き，左側の要素が名詞句以外のものであれば縮約が生じないというものです。

(4) The NP Host Condition: Auxiliaries may cliticize only onto an NP.

この NP ホスト条件は (3a, b, c) の事実を説明しますが (3d) の擬似分裂文は自由関係詞の名詞句構造なので (4) に抵触せず AR が可能です。Kaisse は (4) の制約を提案しながら次のような名詞句以外の要素が来れば例外的に AR が可能であることを指摘します。

(5) a. When's dinner?

　　b. How's your old man?

　　c. Mary's an idiot and so's Paul.

Kaisse (1983: 106) は (2) (5) の AR の事実を合わせて説明するのに (6) の助動詞の右側と左側の両要素に制限を加えた条件を (4) の条件に付加します。

(6)　AR may also apply if the element preceding the AUX is a (monosyllable) pro-form, and the element following it is not a WH trace or a deletion site.

(6) の前半部の先行条件で言っていることは，単音節の代用形は AR が適用されるということで，これにより (5a, b, c) の事実が説明されます。また，後半部の後続条件で言っていることは wh の痕跡 (t) や消去された位置 (φ) を残さなければ AR が適用されるということで，これにより (2a, b, c, d) の事実が正しく説明されます。

しかしながら，Kaisse の (4) (6) の条件を使用しても説明できない問題が含まれます。

(7)　What do you think's happening?

(8)　*Which dog's he buying? (cf. Whose food's burning?)

(9)　*Which COAST's most easily reached? (cf. WHICH coast's most easily reached?)　　　　(Sells (1983: 83))

(7) は (4) の NP ホスト条件に抵触します。think は単音節ですが代用形ではないので (6) の条件を満たしません。(8) を説明するには NP ホストは主語であって目的語ではないという統語条件を指定する必要があります。ただし，Which dog's he buying を OK だとする人もいますので容認性に違いが見られるという意味でこの判断には stylistic variant があると言えます。(9) は，先行条件に AR の音韻的要因が働いていることを示しています。COAST

にアクセントがあれば WHICH にアクセントを置くよりも容認性は下がります。

さらに，意味的要因も AR の成立に関係する例があります。

(10) a. What can you say about God? God *'s. [is は OK]

    b. *We'd them put the furniture in the living room.
       [had は OK]

(10a) は God is の is に exist の本動詞の意味があり，助動詞と異なり機能語の範疇から内容語の範疇になっていることが AR の適用を妨げます。同様に，(10b) の had は使役の意味があるので AR が適用できないと考えられます。

　AR の条件は上述したように統語的，音韻的，意味的要因が働いていると考えられます。Kuno (1977) は助動詞が (11) のように A＝B の同一的 (identification) な解釈があれば助動詞のあとに音調の句切り (pause) が生じるために AR が適用できないと考えます。音韻と意味の両方が関係する要因です (cf. (3c) (3d))。

(11) a. *His hobby's going to parks. (cf. He's going to parks.)

    b. *The fact's that smoking kills. [The fact is は OK]

練習問題

1. Bresnan (1971) は本節で見た AR の縮約は時制縮約と呼び，Not 縮約と区別しています。次の例を見て両者にはどのような制約の違いがあるのか考えなさい。

a. *John's coming and Mary's ϕ.

b. John's coming but Mary isn't ϕ.

2. 次の AR が生じないのはどのような理由によるのか考えなさい。

a. *They'd measles before they were ten.

b. *They'ren't sure.

6.4. Wh 移動と痕跡

Keywords: 痕跡，重名詞句移動，wh 移動，旧情報・新情報，移動制約，
　　　　　wanna の縮約

　英語では文の一部の要素が，右方向や左方向に移動することがあります。たとえば，(1) に挙げた下線部の要素は文末に移動します。元の位置にはその痕跡（trace）として *t* が残されます。(2) には逆に下線部の要素（Tom, the box, the table, on the table）が wh（句）移動（以後，wh 句を含めて wh 移動と呼ぶ）して，文頭に移動したことを示しています。日本語では wh 移動は義務的に生じません（e.g. トムはテーブルにその箱を置いた。トムはテーブルに何を置いたのか？ cf. 何をトムはテーブルに置いたのか？）

(1)　I mailed a picture of my girl friend from London.
　　　I mailed *t* from London a picture of my girl friend.

(2)　Tom put the box on the table (on the table).
　　　Who put the box on the table?
　　　→ *t* put the box on the table (Tom).
　　　What did Tom put on the table?
　　　→ Tom put *t* on the table (the box).
　　　What did Tom put the box on?
　　　→ Tom put the box on *t* (the table).
　　　Where did Tom put the box?
　　　→ Tom put the box *t* (on the table).

　(1) の右方移動は重名詞句移動（heavy NP shift）と呼ばれます。この移動が生じる理由は英語の構造として軽い要素から重い要素に並べるという文体上の特徴があるからです。談話構造的には旧情報（old information）から新情報（new information）へと流れるので重となる長い要素は情報的に重要となり文末に置かれる傾向があります。したがって，(3a) のような重とならない要素（a book）は

重名詞句移動を生じさせません。一方，a book which is readable と関係節で情報が付き足されると重となり，右端に移動させることができます。

(3) a.　John gave a book to Mary.
　　　　→ *John gave to Mary a book.
　　cf.　John gave a book which is readable to Mary.
　　　　　→ John gave *t* to Mary a book which is readable.

　(2) の左方移動は wh 移動（wh-movement）と呼ばれます。wh 要素となるのは主として主語や目的語の名詞句ですが，on the table の場合は場所を表すので where の疑問副詞で尋ねることになります。wh 移動の重要な点は，文頭にその要素を移動させることです。これは英語の特徴であって日本語には見られません。もちろん，日本語も wh 移動を引き起こす場合があります（再掲：何をトムはテーブルに置いたのか？）が，SAI の変化はなく最後に「か」の助詞が付きます。
　　wh 移動は自由にその要素が動かされるのではなくてさまざまな移動に課される制約（constraint）が働きます。たとえば，(4a) のように文の主語の一部である要素（a ghost）の移動は許されません。(4b) のように等位構造（coordinate structure）の一部の要素も移動することができません。さらに，(4c) のように複合名詞句（Complex NP）となる文の中から一部の要素は移動できません。それぞれ，文主語制約（Sentential Subject Constraint），等位構造制約（Coordinate Structure Constraint），複合名詞句制約（Complex Noun Phrase Constraint）と呼ばれます。

(4) a.　A picture of a ghost frightened Mary.
　　　　→ *Who did a picture of *t* frighten Mary?
　　　　A picture of a ghost frightened Mary.
　　　　→ What frightened Mary?

A picture of a ghost frightened Mary.
→ Who did a picture of a ghost frighten?
b. Tom can play the guitar and the piano.
→ *What can Tom play the guitar and *t*? *What can Tom play *t* and the piano? cf. What can Tom play?
c. You can't believe the fact that he built his own house.
→ *What can't you believe the fact that he built *t*?

樹形図で移動制約の働きを見るとwh移動がなぜ適用できないかが理解しやすくなるのでどの制約に違反するのか確認してください。

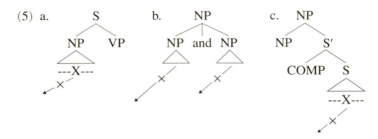

移動したあとに残る痕跡（t）は，移動する前の情報を残しています。したがって，その痕跡はwh移動が適用される前の構造（D構造）の情報を移動後の構造（S構造）に反映させることができると考えます。たとえば，Who do you want to visit?は「あなたは誰に訪問してもらいたいですか」と「あなたは誰を訪問したいですか」の二つの意味をもつ曖昧な文ですが，次のように移動元のwhの位置（wh-in-situ）を痕跡で示すことができます。

(6) a. Who do you want *t* to visit?
 b. Who do you want to visit *t*?

want toは口語ではwannaと縮約（contraction）され(6a)の構造には適用されません。すなわち，Who do you wanna visit? は

いつも（6b）の構造に適用されて「あなたは誰を訪問したいですか」の意味しかもちません。逆に，Who do you want to visit Mary? はすでに（6b）の *t* の位置が Mary でふさがっているので wh（Who）の元の位置は（6a）の *t* となり，「あなたは誰にメアリーを訪問してもらいたいですか」の意味しかもちません。このように痕跡 *t* は D 構造の情報を S 構造まで示すことが可能で wanna の縮約の決定に左右する要因となります。

練習問題

1. 重名詞句移動が適用されるのは I mailed a picture of my girl friend from London. の文に見られる曖昧性を避けるためである。この文にどんな曖昧性が見られるのか樹形図を描いて説明しなさい。

2. 次の wh 移動は移動制約に違反して，非文になる。どのような制約が働くか述べなさい。
   a. *Which book did Tom meet a child who read *t*?
   b. *What did you see who and *t*?
   c. *What for me to understand *t* would be difficult?
   d. *What did your interest in *t* surprise Tom?

6.5. 代名詞解釈と言語直観

Keywords: 代名詞の人称・数・格，等位構造，非等位構造，先行，統御，
　　　　　優位関係

　代名詞には人称代名詞として，1 人称単数 I, my, me, 1 人称複数 we, our, us, 2 人称単数・複数 you, your, you, 3 人称単数 he, his, him/she, her, her/it, its, it, 3 人称複数 they, their, them があり，所有代名詞として 1 人称単数 mine, 1 人称複数 ours, 2 人称単数・複数 yours, 3 人称単数 his, hers, 3 人称複数 theirs

があります。また，再帰代名詞として，1人称単数 myself，1人称複数 ourselves，2人称単数 yourself，2人称複数 yourselves，3人称単数 himself, herself, itself，3人称複数 themselves があります。人称代名詞の形は文の中で生じる位置により主格（主語の位置），所有格（名詞の前の位置），目的格（目的語の位置）となります。

　たとえば，次の文の NP（名詞句）を代名詞にすると NP の生じる位置と性・数の一致を考えて代名詞の形が決定されます。

(1) a.　John gave a beautiful flower to Mary.
　　　　He　　　　　　it　　　　　　her

　　 b.　Mary geve John some books.
　　　　She　　　him　　them

　　 c.　John and Mary gave John's book and Mary's dress to
　　　　They　　　　　　　his　　　　　　　her

　　　　John and Mary's sister.
　　　　　　their

代名詞は文と文や動詞句と動詞句を等位構造（A and B）で結合させるときに使用されます。先行詞の固有代名詞や名詞句を受けて，同じ表現の繰り返しを避けるために後半の文や動詞句の中で代名詞が用いられます。

(2) a.　John has a lot of money and John is happy.
　　　　先行詞　　　　　　　　　　　he

　　 b.　The woman sits on the bench and the woman reads a
　　　　　先行詞　　　　　　　　　　　　　she
　　　　book.

(3) c.　John met Mary and thanked Mary.
　　　　　　先行詞　　　　　　　her

　　 d.　Mary hit the man and cursed the man.
　　　　　　先行詞　　　　　　　him

第6章　統語論　　91

　(2) (3) の各文は先行詞と代名詞が同一人物である (coreferential)
という前提に立てば，先行詞と代名詞を逆にすると非文になります
(i の指標を使って同一人物であることを示します)。

(4) a. *He$_i$ has a lot of money and John$_i$ is happy.
　　b. *She$_i$ sits on the bench and the woman$_i$ reads a book.
　　c. *John met her$_i$ and thanked Mary$_i$.
　　d. *Mary hit him$_i$ and cursed the man$_i$.

　等位構造 (conjoined structure) における先行詞 (NP$^{a\,(ntecident)}$) と
代名詞 (NP$^{p\,(ronoun)}$) の関係は NP^a が NP^p に先行する (precede) 場
合は同一指示関係が成立しますが，その逆は成立しないことを (2)
(3) (4) の諸例は示しています。

　次に，等位構造ではない非等位構造 (non-conjoined structure)
の場合の先行詞と代名詞の関係を見てみましょう (**Peter** と **him** は
同一指示関係)。

(5) a.　Penelope dislikes **Peter** and her mother hates **him**.

　　　　　　　　　　　　　　　　　　　　　　　　　　[typical]

　　b.　**Peter** hates the woman who rejected **him**.　　[typical]

　　c.　The woman who rejected **Peter** is hated by **him**.

　　　　　　　　　　　　　　　　　　　　　　　　　[not typical]

　　d.　The woman who rejected **him** is hated by **Peter**.

　　　　　　　　　　　　　　　　　　　　　　　　　[not typical]

　　e.　***He** hates the woman who rejected **Peter**.　　[impossible]

　　　　　　　　　　　　　　　　　　　(Langacker (1969: 174))

　Langacker は現在，認知意味論の大家としてよく知られています
が，Langacker (1969) は先行詞と代名詞の関係を生成文法に基づ
く統語的なアプローチで説明しています。本節では彼の「先行」と
「統御」という構造的な捉え方で NP^a に対する NP^p の解釈がどの
ように決定されるのか，また代名詞解釈における典型的な (typical)

92

ものと，解釈は可能だが典型的でない（not typical）ものと，不可能な（impossible）代名詞化の三つの例の文法性と容認性の違いを考察します。結論として（6）のように先行詞と代名詞の「先行」と「統御」の二つの関係が成立すれば，すべての代名詞解釈において優位関係（primacy relation）に立つことを彼は主張しています。

(6)　NP^a may pronominalize NP^p unless (i) NP^p precedes NP^a; and (ii) NP^p commands NP^a.

（6）は（i）のところで「先行」の概念を（ii）のところで「統御」の概念を説明しています。代名詞（NP^p）が先行詞（NP^a）より「先行する」というのは（5d, e）の場合で，代名詞（NP^p）が先行詞（NP^a）を「統御する」というのは（5c, e）の場合です。（5c, d）が典型的でない代名詞化になるのは，（6）の（i）か（ii）のいずれかの条件を満たしていないからです。すなわち，（5c）は Peter が him より「先行する」という（i）の条件を満たしますが，Peter が him を「統御する」（ii）の条件を満たしておりません。これは（7）の構造からわかります（「統御」という概念は NP^a を直接支配する S 節点が NP^p を支配する場合に成立します）。一方，（5d）は（8）が示すように Peter が him を「統御する」ので（ii）の条件を満たしますが，him が Peter に「先行する」ので（i）の条件を満たしておりません。

このように，（6）の（i）か（ii）の「先行」と「統御」のいずれかの条件を満たさない（5c, d）の場合は，代名詞解釈は可能ですが優位関係は一つの構造関係としか結べず，優位性は下がることになり直観的にも有標の（marked）解釈となります。一方，「先行」と「統御」の二つの構造関係を満たす（5b）は（9）が示すように優位性が高くなり直観的にも無標の（unmarked）解釈となります。

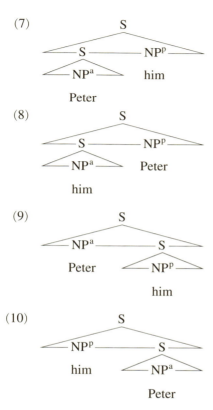

　有標と無標というのは代名詞解釈において直観的に判断する言語能力の違いが反映されます。(9) の構造をもつ (5b) の場合は (6) の二つの条件を満たすので文法的に him は Peter を指すという判断がすぐにできます。一方，(10) の構造をもつ (5e) の場合は (6) の二つの条件を満たさないので him は Peter を指せず不可能な解釈となり非文になります。(5c, d) の場合は (6) の二つの条件の一つを満たさないので him は Peter を指すということは容認されますが，すぐにはその判断ができない認知的な差があることを

Langcker は認めています。Langcker (1965: 169) は (5) に示した typical, not typical, impossible の判断は直観的な違い（these intuitive differences）であると考えます。

練習問題

1. 次の文の文法性の違いはどのように捉えると説明できるのかを考えなさい。ただし，Peter と he は同一指示の関係にあります。

a. **Peter's** wife and the woman **he** is living with just met.

b. *****His** wife and the woman **Peter** is living with just met.

2. 次の文の文法性と容認性の違いを本文の (6) の条件と (7)–(10) の構造を使って説明しなさい。

a. **Tom** is much more older than **he** looks.

b. *****He** is much more older than **Tom** looks.

c. The man who is to marry **Mary** will visit **her** tomorrow.

d. The man who is to marry **her** will visit **Mary** tomorrow.

第7章　意味論

　この章では，動詞の意味と構文の関係や，動詞の意味と文法関係について検討します。7.1 節では，壁塗り構文と呼ばれる現象を扱います。7.2 節では，「スル」と「ナル」の観点から動詞や前置詞句や名詞の意味について，7.3 節では進行形の be + ～ing と「～ている」の意味についてアスペクトの観点から論じます。7.4 節では，現在時制・過去時制の意味や現在完了形の意味について考察します。7.5 節では，自動詞と他動詞の区別を認知意味論の観点から捉えます。7.6 節では，動詞の意味を語彙概念構造の観点から記述し，動詞と構文の関係を見ます。

7.1.　「中身」と「入れ物」の文法

Keywords: 中身句構文，入れ物句構文，場所格交替，全体解釈，部分解釈

(1) a.　They sprayed the paint on the walls.

　　b.　They sprayed walls with the paint.

　　c.　They sprayed paint on the walls.

　　d.　They sprayed walls with paint.

　上記の (1a, b, c, d) の文は似たような意味をもっていますが，

95

厳密に言うと異なる意味をもっています。どのような意味の違いがあるのか，この節では考えていきます。

構文の名前として，(1a, c) は sprayed（吹きかけた）の直接目的語 (the) paint（ペンキ）が壁という「入れ物」の「中身」になっているので，「中身句構文」と呼びます。一方，(1b, d) は sprayed の直接目的語 walls（壁）がペンキという「中身」を収容する「入れ物」となっているので「入れ物句構文」と呼びます。英語学では (the) walls の場所が入れ替わるので場所格交替（locative alternation）とも呼びます。

Schwartz-Norman (1976) の分析によると，(1a, b, c, d) の意味の違いは次の原則1と2によって捉えることができます。

原則1：（対照的に使われるのではなくて）中身句に定冠詞の the のような限定詞が付く場合，その中身句は全体解釈される。

原則2：入れ物句が前置詞の目的語ではない場合は，いつでも全体解釈される。

ここで全体解釈（holistic interpretation）というのは次の (2) のような状況を示しています。

(2) a.　　　　　　　　　b.

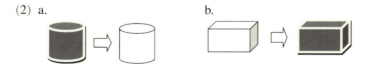

すなわち，(2a) ではペンキがすべて使用され，空っぽになっている状態で，(2b) では壁全体（あるいはそのほとんど）がペンキで塗られた状態です。ペンキが残っている状態や壁が塗られていない (3) のような状態は部分解釈（partitive interpretation）と呼ばれます。

(3) a.　　　　　　　　　b.

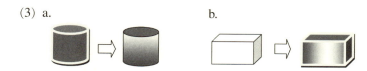

原則1のところで,「対照的に使われるのではなくて」という条件が付いていますが, これは (4) のように中身句に the が付く場合でも対照的な文脈の中では全体解釈がなされない場合があるということを説明するために用いられます。

(4)　They sprayed the paint on the walls, not the boxes.

さて, 上記で述べた原則1と2を使えば, (1a, b, c, d) の意味解釈は次のようになります。(1) を (5) として解釈します。

(5) a.　彼らは壁（一部）にペンキ（全部）を吹きかけた。
　　b.　彼らは壁（全体）にペンキ（全部）を吹きかけた。
　　c.　彼らは壁（一部）にペンキ（一部）を吹きかけた。
　　d.　彼らは壁（全体）にペンキ（一部）を吹きかけた。

spray の動詞は「中身句構文」と「入れ物句構文」の両方をとる中立的 (neutral) な動詞ですが, fill, cover, flood のような動詞は「入れ物句構文」のみを, pour, put, spill のような動詞は「中身句構文」のみをとります。

(6) a.　They filled the cup with hemlock.
　　b. *They filled hemlock into the cup.
(7) a. *They poured the cup with hemlock.
　　b.　They poured hemlock into the cup.

ここでなぜそれぞれの動詞が片一方の構文しかとらないかというと, (6b) (7b) のような「中身句構文」は移動のプロセスを表し, (6a) (7a) の「入れ物句構文」は結果状態を表すという構文的な意味があるからです。したがって, 動詞それ自体の意味が結果状態を

表す fill（一杯に詰める，一杯にする）などは「入れ物句構文」と折り合いがよく，移動のプロセスを表す pour（そそぐ，移す）などは「中身句構文」と折り合いがよくなります。

上記の議論を踏まえると，(8) の文がなぜ容認されないかが理解できます。考えてみましょう（ヒント：smear は spray と同じ中立的な動詞）。

(8) ?John smeared the wall with paint, but most of the wall didn't get any paint on it.

練習問題

1. 次の文の意味解釈をし，状況を図で示しなさい。
   a. They loaded papers/hay on wagons.
   b. They loaded wagons with papers/hay.
   c. They loaded the papers/hay on wagons.
   d. They loaded wagons with the papers/hay.
   e. They spread jelly on bread.
   f. They spread bread with the jelly.

2. 次の文が容認されない理由を答えなさい。
   a. *He poured a cup with tea.
   b. *She covered a blanket on the baby.
   c. ?John loaded the wagon with the hay, but he left most of the hay on the ground.
   d. ?John loaded the hay on the wagon, but he left most of the hay on the ground.
   e. ?The men loaded wagons, but the wagons aren't full.

3. 次の文が容認される理由を練習問題の (2e) と比較し，考えてみなさい。
   e'. The men loaded wagons, but when the barge was filled, a

lot of wagons were left on the dock.

7.2. 「スル」と「ナル」の文法

Keywords: 形式と意味の関係，スルとナルの意味特性，完了と未完了，可算と不可算（名詞）

　動詞には，hear と listen to や see と look at のように同じような意味をもつ動詞があります。しかし，「形が違えば意味は異なる」という Bolinger（1977）の形式と意味の関係の捉え方が大事です。高等学校までは can＝be able to であるとか，must＝have to であると覚えてきたかもしれませんが，それは正しくありません。

(1) a.　You must be back by ten o'clock at the latest.
　　　　（遅くとも 10 時までには帰ってきなさい）

　　b.　You have to be back by ten o'clock at the latest.
　　　　（遅くとも 10 時までには帰らなければならない）

　(1a) の must は話し手の主観（たとえば，父が娘に対して）に基づいて要請されるのに対し，(1b) の have to は門限のような客観的な要請（たとえば，寮母さんが寮生に対して）に基づいて使われます

　同様に，動詞にも意味の違いがあります。宮川・林（編）(2010:378) には「ひとりでに見えたり聞こえたりするときには see, hear を使い，努力したり意図して見たり聞いたりするときは look, listen を使う」とあります。しかし，「ひとりでに見えたり聞こえたりする」と「努力したり意図して見たり聞いたりする」というのは動詞の意味だけで，どのようにこれらの動詞が文の中で異なる振る舞いをするかが見えてこないのです。

(2) a.　What Mary did was to listen to a strange sound.
　　b.　*What Mary did was to hear a strange sound.
　　c.　Mary listened to the strange sound carefully.

d. *Mary heard a strange sound carefully.

e. Listen to a strange sound.

f. *Hear a strange sound.

(2) の (b, d, f) の文における＊のマークはアステリスクと読み，その文が非文であることを示します（2.1 節の 9 頁を参照）。(2a, b) の構文は擬似分裂文と呼ばれ，(2c, d) は様態の副詞，carefully の修飾が可能かどうか，(2e, f) は命令文にできるかどうかを示しています。

本節では，これらの事実を捉えるために (3) の意味特性を仮定します。

(3) 文中の動詞句が「何らかのスル行為を表す」場合，その動詞句は「＋スル」の意味特性をもつ。

したがって，「ひとりでに見えたり聞こえたりする」see, hear の動詞は「スル」行為がないので，「－スル」の意味特性をもち，「努力したり意図して見たり聞いたりする」という look, listen の動詞は「＋スル」の意味特性をもつ動詞ということになります。(2) の事実は「＋スル」の意味特性をもつ動詞が擬似分裂文や命令文で用いられ，様態副詞 carefully で修飾可能となり，一方「－スル」の意味特性をもつ動詞はこれらの表現が不可能になると規定することによって捉えられます。

「スル」とは異なる「ナル」の動詞の意味特性について言及してみましょう。

(4) a. John ran to the station.

   （ジョンは駅に走り，駅に到着した）

b. John ran toward the station.

   （ジョンは駅 {に／へ} 走った）

(4a) を日本語に直すように言うと，ほとんどの人は「ジョンは

駅に走った」と訳します。そのあとすぐに，ジョンは駅に着いたかどうかを尋ねると「ジョンは駅に着いていない」と答えます。「ジョンは駅に走った」という解釈からは（5）のようにジョンが駅に着いていないという意味が含意されるからです。

(5)　ジョンは駅に走ったが，まだ駅には着いていない。

しかし，実際は駅に着いていない場合は（4b）のように言わなければなりません。つまり，途中段階を示すには toward という前置詞で表します。到着したという完了の意味を表すには（4a）の to という前置詞が必要です。そこで，「ナル」の意味特性を仮定し，(4a, b) の事実を捉えることにします。

(6)　文中の動詞句が「完了の意味を表す」場合，その動詞句は「＋ナル」の意味特性をもつ。

run 自体の動詞は「スル」行為をもち，スル型動詞ですが run to the station と動詞句に to 前置詞が来ることによって，「ナル」の意味をもたらすと考えます。一方，run toward the station と動詞句に toward が来れば方向を示しますが，駅の目的地には到達しません。つまり，未完了の状態です。このように，動詞の意味があとに来る前置詞句によって影響を受けます。他にも次のような前置詞句が完了か未完了かの意味の違いをもたらします。

(7) a.　across the road, into the room, 「＋ナル」の完了の意味
　　 b.　along the street, in the room, 「－ナル」の未完了の意味

(7) を文の中で考えてみましょう。

(8) a.　John walked across the road. [「＋スル」，「＋ナル」の解釈]
　　 b.　John went into the room. 　　[「＋スル」，「＋ナル」の解釈]
　　 c.　John walked along the road. 　[「＋スル」，「－ナル」の解釈]
　　 d.　John walked in the room. 　　[「＋スル」，「－ナル」の解釈]

(8a) は「ジョンは歩いて道路を横切った」，(8b) は「ジョンは部屋の中に歩いて行った」で (8a, b) 共に，その行為は完了の意味をもちます。一方，(8c) は「ジョンは道路を（に沿って）歩いた」，(8d) は「ジョンは部屋の中で歩いた」となり，どちらもジョンの歩行が完了した意味はもちません。すなわち，ジョンは歩き続けることができます。ただし，(8d) の場合は in が into の解釈もでき「ジョンが歩いて部屋の中に入った」の「＋ナル」の意味ももつことに注意してください。

　基本的に，「完了」「未完了」「継続」などは事態の局面（アスペクト）を表すと考えます。実際には時を表す前置詞句で事態の局面が正しく捉えることが可能で，in three minutes, in one hour のような in 前置詞句は「完了」のアスペクトと共起し，for three minutes, for two hours のような for 前置詞句は「未完了」や「継続」のアスペクトと共起します（アスペクトについては次節で詳細に取り上げます）。

(9) a. John ran to the station in three minutes / *for three minutes.

　　b. John ran toward the station *in three minutes / for three minutes.

アスペクトは動詞の意味だけではなく，目的語の名詞が可算名詞か不可算名詞かによって影響を受けます。可算名詞は数えられる名詞で an apple や two apples のように数詞を付けることができますが，不可算名詞は chicken（鶏肉）や sugar のように数えられません。この区別は分割して元の形や状態が保持されるかどうかによって，簡単に見分けられます。たとえば，リンゴは切れば，1 個のリンゴではなくなりますが，鶏肉は切っても鶏肉の状態は変化しません。砂糖は分割しても砂糖のままです。a spoonful of sugar（スプーン一杯分の砂糖）のように計量する方法は不可算名詞でもあります。

　さて，次の文の前置詞表現が，目的語の可算・不可の名詞とど

第 7 章　意味論　　103

のように関係するかを見てみましょう。

(10) a.　Mary ate an apple/*apples in five minutes
　　 b.　Mary ate an apple/apples for five minutes.
　　 c.　Mary ate chicken *in five minutes/for five minutes.
　　 d.　Mary ate a chicken in five minutes/for five minutes.

　in five minutes（5分で）は「ナル」のアスペクトをもっています。一方，for five minutes（5分間）は「スル」のアスペクトはありますが，「ナル」のアスペクトはありません。したがって，(10a) では an apple（1個のリンゴ）は 5 分で食べ切ることができますが，apples（複数のリンゴは）は the の冠詞でもなければ，計量が明確ではないので食べ切ることができません。しかし，(10b) のように，apples は「リンゴかじり大会」のような少し変な状況を想定しなければなりませんが，5 分間，an apple も apples も食べるという行為を続けることができます。

　同様に，(10c) の chicken（鶏肉）は分量が明確ではなく，the の冠詞もないので 5 分間，食べ続けることができますが，5 分で食べ切ることができません。もちろん，(10d) のように a chicken（1羽の鶏）として冠詞の a を付けると，意味が「鶏肉」から「鶏」に変化し，ドラキュラのように 5 分間でメアリーが鶏を食べてしまうことができます。また，5 分間食べ続けることもできます。

　上述したように，アスペクトはさまざまな構文 (2) や，場所や方向を表す前置詞句 (4)，経路を表す前置詞句 (7)，時間を表す前置詞句 (9)，目的語の可算・不可算 (10) の表現と関係していることがわかりました。英語の正しい局面を捉えるには動詞の「スル」「ナル」の観点から，これらの構文や表現との共起関係を理解することが重要です。

練習問題
1.　次の文の意味解釈を動詞の「スル」「ナル」の観点から捉えなさい。

104

- a. They swam in the river.
- b. They swam across the river.
- c. They arrived at the station.
- d. They painted the wall in one hour/for one hour.

2. 次の文が不自然になる理由を「スル」「ナル」の観点から答えなさい。
- a. *Tom hammered the metal flat for one hour.
  [cf. in one hour は OK]
- b. *Tom pushed the desk in three minutes.
  [cf. for three minutes は OK]
- c. *Tom pushed the desk out for three minutes.
  [cf. in three minutes は OK]

3. 次の文の不適格性の違いをアスペクトで考えなさい。
- a. *John was asleep in two hours. [cf. for two hours は OK]
- b. *The doctor treated the patient in two hours.
  [cf. for two hours は OK]
- c. *The doctor cured the patient for two hours.
  [cf. in two hours は OK]

7.3. アスペクトと進行形

Keywords: アスペクト，進行相と完了相，「ている」の意味，状態動詞

　アスペクト（相）は『広辞苑』（2008）によると，「動詞が表す動作や状態の時間的な局面・様相（たとえば開始・終結・継続・反復）。動詞自体にアスペクトが含まれていることもあれば完了形や進行形などの形式で表現されることもある」とあります。もっとわかりやすく具体的に説明すると，たとえばスイカを切る場面を思い浮かべてください。スイカが包丁で切られていく過程は次のようなアスペクトをもちます。

第7章 意味論 105

(1) a. He is just about to cut the watermelon.
（ちょうどスイカを切ろうとしている）

b. He is beginning to cut the watermelon.
（スイカを切り始めている）

c. He is cutting the watermelon now.
（今，スイカを切っている）

d. He has almost finished cutting the watermelon.
（スイカを切り終わろうとしている）

e. He has just finished cutting the watermelon.
（ちょうどスイカを切り終わった）

f. He cut the watermelon into two parts yesterday.
（昨日，スイカを二つに切った）

スイカをこれから「切ろうとする」「切り始める」「切っている」
「切り終わろうとする」「切り終わる」という時間に沿ったそれぞれ
の場面が「切る」という動詞がもつアスペクトと考えられます。英
語では be ＋ 〜ing が「進行形」という形で (1c) のように「ている」
の「進行相」を表し，have ＋ p.p. という形で (1e) のように「た」
の「完了相」を表します。(1f) も「た」の意味をもっていますが，
これは yesterday が示すように過去にその行為が行われたことを表
しています。(1e) の「た」は過去ではなく，現在「スイカを切り終
わった」という発話時の状況を表しています。

日本語の「ている」には進行中の「継続」の意味と「結果状態」の
「継続」の意味があり，英語には後者の使い方が be ＋ 〜ing の形で
は表現できません。たとえば，(2) はよく和文解釈するときに間違
える文なのですが，「ている」の意味で訳すとおかしくなります。
正しくは「つつある」と事態の最終段階に焦点を合わせた日本語訳
にします。

(2) a. The train is arriving at the station.
（*電車が駅に到着している）

b. The man is dying. (*その人は死んでいる)

すなわち，（2a）は「電車が駅に到着しつつある」と解釈し，（2b）は「その人は死につつある（死にかかっている）」と解釈します。久野・高見（2013: 67）によると，（3b）のように主語が複数になると過去から現在，さらに未来にかけての「異なった動作主による断続的に行われる動作の連続」の意味が出てくると説明しています。

(3) a. The trains are arriving at the station.
   （電車が次々に到着している）
   b. More and more people are dying in traffic accidents these days.
   （ますます多くの人が最近交通事故で亡くなっている）

　厳密には，（3a）の場合は動作主の動作の連続というより発話時の現在の状況を述べているということだと考えます。なぜならThe trains が「動作主」というのは不自然で，More and more のような形容詞表現や these days のような副詞表現が入ることによって数的，時間的な広がりが出てきます。したがって時間的広がりのない，just now「たった今」や特定の事故に変えると（4a, b）とも不自然な文になります。

(4) a. ?More and more people are dying in the traffic accident just now.
   b. ?Many people are dying in the traffic accident just now.
   （?多くの人がたった今，その交通事故で死にかかっている）

　副詞は日本語においても同じ表現を異なる意味に導くのでアスペクトの意味に影響する要因になると考えます。たとえば，「ネクタイを付けている」という表現は（5a, b）に見られるように，「ゆっくりと」と「きっちりと」で意味の解釈が異なります。

(5) a. 彼はゆっくりとネクタイを付けている［進行中の継続の意味］

b. 彼はきっちりとネクタイを付けている［結果状態の継続の
意味］

状態動詞（e.g. love, live, resemble）は基本的には進行形になりま
せんが，一時的な意味や推移的な意味を表す場合には使用できま
す。

(6) a. I'm loving it.
b. She is living in Kyoto.
c. He is resembling his father more and more.

(6a) はマグドナルドのキャッチコピーで，久野・高見（2013:
93-98）によると「マクドナルドは食べるたびに美味しいと思う」
「何度食べても美味しい」の意味で，「マクドナルドは美味しい」
「マクドナルドを愛しています」の意味にはなりません。後者の意
味は I love it. と動詞だけで永続的な状態を表現します。同様に
(6b) では大学の下宿先として一時的に「彼女は現在京都に住んで
います」の意味で，永続的な住居として京都に住んでいる場合は
She lives in Kyoto. になります。(6c) は more and more の副詞表
現が入っていることからわかるように「だんだん」という推移的な
意味が加わり，「彼はお父さんにだんだん似てきている」の意味を
もちます。この副詞が無いと，*He is resembling his father.（cf.
he resembles his father.）の進行形は容認されなくなります。副詞（句）
は進行形の意味に影響を与えることになります。

練習問題
1. 次の進行形の文の容認性を判断し，その不自然な理由を考えな
さい。
a. *The statue is standing forever.
b. ?He is loving her.
c. ?The bus is stopping in front of the bus station.（cf. The bus

is stopping at the bus station. The bus is waiting at the bus stop.)

2. 次の日本語には「ている」表現が使えないのはなぜか考えなさい。
  a. 机の上に本がある。
  b. 池に魚がいる。

7.4. 時制と現在完了形と過去形の関係

Keywords: テンスの仕組み，ル形，非状態動詞，過去形と現在完了形の違い

　時制（テンス）は現在，過去，未来と学校文法では教えられますが，それは意味的に捉えた便宜上の分類法であって，通時的にも共時的にも現在と過去しかないというのが正しい捉え方です。一つの理由として，日本語も英語も現在形で現在，未来を表せるという事実があるからです。

　日本語の場合
（1）a.　太郎は現在，その部屋に居る（居ます）。　　［現在の意味］
　　　b.　太郎は明日，その本を読む（読みます）。　　［未来の意味］
　英語の場合
（2）a.　Taro is in the room now.　　　　　　　　　　［現在の意味］
　　　b.　Taro is reading the book tomorrow.　　　　［未来の意味］

　日本語はル形（辞書に載せた形）で，（1a）のような「居る」の状態動詞は「ている」のアスペクトをもちません（i.e. *太郎は現在，その部屋に居ている）。「太郎には車がある」の所有の意味をもつ「ある」も状態動詞でそのアスペクトをもちません（*太郎には車があっている）。状態動詞が「ている」の進行形をとらないと考えるよりも「居る」「有る」自体が「ている」の意味を内包していると考えるのがいいでしょう。なぜなら，「太郎は車を所有している」「太郎は母に似ている」のように「所有する」「似る」の状態動詞が「ている」をと

るからです。また、「そこに車が置いてある／置かれている」のように「置く」「停まる」のような一時的状態の意味合いでも「ている」のアスペクトをもつからです。一方、(1b) のような非状態動詞（動態動詞）は普通ル形の基本形で未来の意味をもつので、現在の状態を表すには「ている」を付けます（i.e.「太郎は現在、その本を読んでいる／います」）。

英語の場合も日本語と同じことが言えます。状態動詞の be や have は進行形のアスペクトをもちません（e.g. *Taro is being in the room. *Taro is having a car.）。状態動詞（e.g. sit, stand, live）でも一時的な意味合いで使用される場合は進行形が可能です（e.g. He is sitting there. cf. *The Great Buddha of Todaiji is sitting there.）。(2b) の意味は「太郎は明日その本を読む予定です」を表し、Taro will be reading the book tomorrow.（太郎は明日、その本を読むだろう／と思う）よりも明確な予定を表します。Taro is going to read the book tomorrow. となると太郎自身が心の中で前もって決めているニュアンスがあり「太郎は明日、その本を読むつもりです」の意味になります。will 自体は助動詞ですが、話し手のモダリティ（推量）を表し、can（確信：はずである）、may（可能性：かもしれない）などと同じように現在形で認識的モダリティを表現します。

通時的（＝歴史的）には保坂（2014: 80）によると、古英語（old English）では will は「～を望む」を、can は「～を知っている」を、may は「～する力がある」の本動詞の意味をもっていました。保坂によると、本動詞から助動詞への意味の変化は文法化（grammaticalization）と呼ばれ、意味の漂白化（semantic bleaching）とも言います。本来の内容語が機能語へと意味変化する状況を指しています（内容語と機能語の違いと文法化については 11.3 節を参照のこと）。いずれにしても will が未来形ではなくて現在形であり、それぞれの過去形が would, could, might ということになります。現在形が (1) (2) で現在・未来の意味を表したように過去形も話し手のモダリティや丁寧表現に使われて、必ずしも発話時が過去の意味になら

ないということがあり，時制を考える場合にはまずその意味を捉えることが大切です (e.g. Would you care to join me for a drink? (一緒に一杯飲みませんか))。

さて，時制についてもう少し考えるために現在完了形と過去形について比較してみましょう。

(3) a.　I have parked my car around the corner.
　　 b.　I parked my car around the corner.

(3a, b) 共に，日本語に訳すと「私はその角を曲がったところに自分の車を停めた／停めました」の意味で，同じ「た」という日本語を与えているので両者の違いが見えてこないという問題が生じてきます。状況を把握するにはアスペクトと時制の関係を理解する必要があります。(3a) の時制は現在形 (have) で，(3b) は過去形 (parked) であることがわかります。しかし，アスペクトとしては(3a) は現在完了形なので「完了」の意味があり，発話時（現在）において「車を停めるという行為が完了した」ことを表します。一方，(3b) は発話時（現在）より前の過去時における「停めた」行為であり，現在を含みません。したがって，When did you park your car around the corner? の問いかけに対する返事として I parked my car around the corner yesterday. のように過去を表す yesterday の副詞と共起します。一方，現在を含む現在完了形には just now の現在を表す副詞は可能ですが yesterday の過去を表す副詞と共起できません (*I have parked my car around the corner yesterday. cf. I have parked my car around the corner just now.)。

(4)の過去時制と現在完了形のアスペクトの違いを見てください。

(4)　　過去　　　　　　現在（発話時）　　　　未来

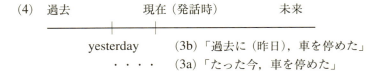

　　　　　　　yesterday　　(3b)「過去に（昨日），車を停めた」
　　　　　　　・・・・　　(3a)「たった今，車を停めた」

第7章　意味論　111

両者の大きな違いは，現在時制が過去時制のように過去時の一点
(e.g. yesterday) を捉えるのではなくて，過去の行為が現在の段階に
言及している（・・・・）ということで，実際には3分前に車を停
めた行為であっても，発話時において「今，その角を曲がったとこ
ろに車を停めてきたよ」と相手に「停め終えた」と「完了」の意味
を伝えることができます。したがって，学校文法で区別される「経
験」「継続」「結果」を表す意味も実際には過去や未来の事実や状態
を表す場合でも，現在（発話時）との関係で言及される表現である
ことから，現在完了形は現在時におけるアスペクト表現であること
が理解できます（下線部に注意してください）。

(5) a. I have been to London three times.
　　　　（今までにロンドンに3回行ったことがある）[経験]
　　b. I have studied English in London since last year.
　　　　（去年からロンドンでずっと今まで英語を勉強してきた）[継続]
　　c. I have gone to study abroad in London.
　　　　（ロンドンに現在，留学している（その結果，日本には今いない））
　　　　[結果]

(5a) においてロンドンに行った最後の年が昨年（過去）のことで
あっても使え，(5b) において来年（未来）も引き続き英語を勉強す
る予定であっても使える表現で，現在（発話時）に関連することが
現在完了形の使える大事な要因であります。

> 過去形と現在完了形の違いは発話時（現在）を含むかどうかで
> ある。過去形は過去の1点であり，現在を含まない。現在完
> 了形は，発話内容は過去のことや未来のことが含まれても発話
> 時（現在）と関わるアスペクト表現である。

日本語で習慣を表す場合，非状態動詞でもル形で表し，「ている」
はその習慣が繰り返し継続しているという意味です。

112

(6) a. 私は毎朝5時に起きる。(cf. 私は, 明日5時に起きる)
   b. 私はこの頃, 5時に起きている。

　過去の事実でも, 発話時(現在)にそれを報告したり, 経験として述べたりする場合は「ている」を使うことができます。英語の現在完了形の「経験」と同じ用法です。

(7) a. シェイクスピアは多くの作品を書いている。
   b. 王選手はたくさんのホームランを打っている。

練習問題
1. 次の「～ている」の解釈をしなさい。
   a. 太郎は花子に手紙を書いている。
   b. 寒いと思ったら, ドアが開いている。
   c. 彼女は歯を磨くときに, 電動ブラシ, 歯間ブラシ, 歯ブラシと3回磨いている。
   d. 彼は大学で英語学概論を25年間, 教えている。
   e. 家の裏に大きなマンションが建っている。

2. 次の現在完了形の意味を説明しなさい。
   a. Have you ever been to Australia?
   b. I have been doing this since I was a child.
   c. Tom has been in London for one year.
   d. I have just finished doing my homework.

7.5. 自動詞と他動詞の違いは何

Keywords: 受動態, 句動詞, 行為連鎖, 自他交替, 位置・状態変化動詞, 働きかけ動詞

　学校文法では自動詞と他動詞の区別は, 動詞のあとに直接目的語が来るかどうかです。したがって, (1a) の文は kiss が他動詞で

第7章 意味論　113

(1b) の文は go が自動詞ということになります。

(1) a. Tom kissed Mary suddenly.
　　　　→ Mary was kissed by Tom suddenly.
　　b. Tom went to the library yesterday.
　　　　→ *The library was gone to by Tom yesterday.

しかし，この基準でいくと，次の文も他動詞ということになります
が，その受動態は認められません。

(2) a. Tom reached the station.
　　　　→ *The station was reached by Tom.
　　b. Tom has a big car.
　　　　→ *A big car is had by Tom.

　また，on が前置詞と副詞の場合があります。たとえば，get on
は「(電車など) に乗る」という意味ですが，put on は「(帽子など)
をかぶる，(コートなど) を身につける」の意味をもち，両者の目的
語の振る舞いが異なります。

(3) a. Tom got on the train. → *Tom got the train on.
　　　　→ *Tom got it on.
　　b. Tom put on his hat. → Tom put his hat on.
　　　　→ Tom put it on.

(3a) の on は前置詞で (3b) の on は副詞であることからこのよう
な統語的な振る舞いの違いが生じます。(3b) の put on は wear の
1 語の他動詞にほぼ言い換えることが可能で句動詞 (phrasal verb)
と呼ばれます。句動詞は，ほかにも put off＝postpone, make out
＝understand などがあり，put up with＝endure, look up to＝re-
spect のように三つ結びつくこともあります。句動詞は目的語を代
名詞にすると (3b) のように必ず動詞のあとに代名詞を置かなくて
はならないので (cf. *Tom put on it.)，(3a) の前置詞の on とは異な

る振る舞いをします（(3a) の Tom got on it. は「トムはそれに乗った」
の意味で使えます）。

　(3b) は直接目的語（his hat）を put on のあとでも put のあとで
も置くことが可能で，形としては他動詞であると言えますが受動態
は不自然です（?The hat was put on by Tom.）。日本語でも「その帽子
がトムによって被られた」は特別な文脈を考えないと不自然に聞こ
えます。

　他動詞と自動詞の違いは直接目的語を取るか取らないかでは決定
できないことを述べてきました。さらに，直接目的語を取っている
ように思われる（2a, b）や（3b）の他動詞でも受身形が可能ではな
かったので自動詞と他動詞の違いを意味の観点から次に捉えてみる
ことにします。

　谷口（2005）は認知意味論の観点から主語や目的語の意味につい
て言及しています。他動詞が他動的な事態（event）を引き起こす
典型として主語が目的語に働きかけて目的語の事態を変化させる行
為連鎖（action chain）が作動し，対象（目的語）に対する位置変化
や状態変化が生じます。

(4)　　●　　→　　　○　　　→　　 ◯
　　　Agent　　Mover/Patient　Loc (STATE)
(5)　a.　Tom moved the box. (Mover)
　　　b.　Tom baked the potato. (Patient)

　(5a) は（4）において，「トム」の動作主（Agent）が「箱」に「動
かす」という行為を働きかけて実際に移動させますので，「箱」が
移動体（Mover）になります。同様に，(5b) は「トム」の動作主が
「ジャガイモ」に「焼く」という行為を働きかけて，「ジャガイモ」
の状態変化をもたらします。「ジャガイモ」は状態変化を受けた被
動作主（Patient）となります。

　一般的に，move や bake のように「位置変化動詞」「状態変化動
詞」と呼ばれるものとしてほかに drop, sink, roll, break, open

などがあります。一方，対象には働きかけるが実際に変化が生じたかどうかが不定の「働きかけ動詞」として push, pull, kick, hit, knock などがあります。前者のタイプの動詞は目的語を主語にすることが可能で自他交替と呼ばれます。後者のタイプの動詞は自他交替はできません（自他交替については 2.2 節を参照のこと）。

(6) a.　Tom broke the vase.

　　　　　→ The vase broke.（花瓶が壊れた）

　　 b.　Tom pushed the desk.

　　　　　→ *The desk pushed.（*机が押した）

また，名詞の前に過去分詞形として置き，完了の意味を表すことが前者のタイプの動詞はできますが，後者のタイプの動詞はできません。

(7) a.　the broken vase（壊れた花瓶）

　　　　 cf. the vase broken by Tom（壊された）

　　 b. *the pushed desk（*押した机）

　　　　 cf. the desk pushed by Tom（押された）

働きかけ動詞は物理的な働きかけはしますが，対象に変化をもたらすかどうかはわからないので *the kicked man や *the knocked door とは表現できません。日本語にするときも (7a) のような過去分詞形は完了形容詞の意味になるので「壊された花瓶」と訳さないことに注意しましょう。「誰かによって壊された花瓶」は行為を示し，状態の意味ではなく the vase broken by someone のように表現します。surprise や fear のような心理動詞も対象に何らかの心理的影響を与えるので他動詞として考えることができます。

(8) a.　Tom surprised Mary. → Mary was surprised by Tom.

　　 b.　The sad news disappointed me.

　　　　　→ I was disappointed by the sad news.

116

練習問題

1. 次の二つの文は容認性が異なる。なぜ違いが生じるのかその理由を考えなさい。

a. ?I was approached by the train.

b. I was approached by a strange man.

2. 次の get over の over が副詞か前置詞かの区別をしなさい。

a. It took me some time to get over the shock.（立ち直る）

b. Let's get the homework over (with).（片付ける）

3. 次の英語がなぜ生じないのか説明しなさい。

a. *The rope cut. (cf. Tom cut the rope.)

b. *The school regulation broke. (cf. Tom broke the school regulation.)

c. *the knocked door (cf. the door knocked on by someone)

7.6. 「押した」と「押し出した」の違いは何

Keywords: 複合動詞，継続，完了・未完了，アスペクト，活動動詞，スル・ナル型

日本語には，動詞（V₁）と動詞（V₂）を併せた複合動詞（e.g. 押し出す，押し込む，持ち込む，持ち出す）があります。英語には V₁V₂ の表現はありません。そこで，英語ではこれらの複合動詞の表現をどのように表すのかが問題になります。一般的には，動詞のあとに副詞を置いて表現します（e.g. push out, push in, bring in, bring away）。たとえば，(1)の表現を比べてみましょう。

(1) a. Tom pushed a desk for ten minutes/*in ten minutes.

b. Tom pushed a desk out *for ten minutes/in ten minutes.

c. トムは机を {10分間／*10分間で} 押した。

d. トムは机を {*10分間／10分間で} 押し出した。

第 7 章 意味論　117

英語の "for ten minutes" と日本語の「10 分間」は行為の継続（duration）を表す。つまり，（1a, c）では，机を押すという行為を 10 分間続けたということで，机を動かせてどこかに移動させたという意味を含意していません。一方，英語の "in ten minutes" と日本語の「10 分間で」は行為の完了を表します。すなわち，（1b, d）では，机を押して部屋から外に移動させたということを意味し，その時点で押すという行為は完了します。言い換えると，継続は対象である机に何の変化ももたらさないが，完了は机が移動して，その結果，部屋には机がない状態に変化します。"push" や「押す」は働きかけ動詞（前節参照）で英語では副詞の out を，日本語では「出す」を加えて複合動詞にすることによって，出来事（event）が完了する結果状態の局面（aspect）を表すことができます。

　一般的に，複合動詞の V_1V_2 表現の V_1 の部分では未完了（atelic）を表し，V_2 を付加することによって完了（telic）を表す傾向がありますが（e.g. 叩き壊す，叩き割る，蹴り上げる，引き上げる），「折り曲げる」のように完了の意味を組み合わせた例外的な複合動詞もあります。前節で述べたように，英語では動詞と副詞が句動詞を形成し，（2a）のように副詞を目的語の前に置くこともできます。一方，（2b）の on は前置詞で（2c）のように目的語の前にその前置詞を移動させることはできません。（2b）の目的語の「押しボタン」そのものは何の影響もうけないところからも push on は句動詞ではなく，push は単に働きかけの動詞の「押す」となります。

(2) a.　Tom pushed out a desk in ten minutes.
　　 b.　Tom pushed a button on the door.
　　 c.　*Tom pushed on a button the door.

　動詞の意味を捉える方法として，語彙概念構造（Lexical Conceptual Structure）という考え方があります。何かを意図的，無意識的に行う ACT の活動動詞（e.g. talk, study, laugh）があります。これらの動詞は状態の変化をもたらさないスル型動詞です。

一方，自動詞としての位置変化動詞（e.g. go, run, walk）や一瞬の状態変化動詞（e.g. arrive, reach, appear）は事態の変化があります。前者は to 前置詞句が付加されて，行為の完了状態を表すことができるのでナル型動詞になりますが（e.g. Tom went to the station.），それが付かない場合は単にスル型動詞です（e.g. Tom went toward the station.）。後者は途中の状況よりも変化後の状況を述べるナル型動詞ですが主語の意図的なスル行為は含まれません（e.g. Tom appeared suddenly.）。すなわち，自動詞には意図的にある行為を行うスル型の非能格動詞（unergative verb）と意図性のないナル型の非対格動詞（unaccusative verb）が存在します。

他方で，対象（目的語）に働きかける他動詞の働きかけ動詞（e.g. push, hit, kick）があります。これらの動詞は対象に変化をもたらさないが対象にスル型行為をもたらすので ACT ON と呼ばれます。一方，対象に変化をもたらす使役他動詞（e.g. break, open, melt）があります。使役他動詞は自他交替を引き起こす動詞であり，スル型とナル型の両方の要素を担っています。

スルもナルの要素も持たない状態（BE AT）の動詞（e.g. be, remain, stay）があります。これらの動詞は行為も変化も表しません。抽象的状態（e.g. Tom is happy.）と物理的な位置状態（e.g. Tom is in London.）を示すことができます。

動詞の意味を語彙概念構造でまとめると次の（3）のようになります。これらの意味の様相を知ることが（4）に挙げる構文や派生語との関係を厳密に捉えることができるので重要です。

(3)

第7章　意味論　　119

(4) a.　Tom broke the window → The window broke

〔（自他交替）使役他動詞〕

Tom kicked the door → *The door kicked

〔（自他交替）*働きかけ動詞〕

b.　Tom kicked the door → Tom kicked at the door

〔（動能構文）働きかけ動詞〕

Tom broke the door → *Tom broke at the door

〔（動能構文）使役他動詞〕

c.　*goable, *arrivable, kickable, breakable

〔（派生語）*移動動詞，*変化動詞，働きかけ動詞，使役他動詞〕

d.　*a laughed man, *a run river, *a remained problem (cf. a remaining problem), *the hit boy, a fallen leaf, *an appeared man, the broken window, the boiled egg

〔（完了形容詞）*活動動詞，*移動動詞，*状態動詞，*働きかけ動詞，(*)変化動詞，使役他動詞〕

　たとえば，(4a) の使役他動詞は対象に変化をもたらすので自他交替が可能であり，同様に日本語も「トムは針金を曲げた」から「針金が曲がった」と他動詞表現から自動詞表現への交替が可能です。一方，働きかけ動詞（主として，hit, touch のような打撃・接触動詞）はその行為が継続されるものの，対象に変化をもたらすかどうかはわかりません。したがって，自他交替も他動詞表現は可能でも，自動詞表現は不可能となります (e.g.「トムはドアを蹴った」「*ドアが蹴った」)。

　(4b) の動能構文 (conative construction) は at の前置詞を従える構文ですが，意味的には対象に働きかけるだけで変化をもたらさない含みがあります。たとえば，(4b) の動能構文の意味は「トムはドアを蹴ったが，開かなかった」となります。左側の他動詞構文は「トムはドアを蹴った」の意味でドアが開いたかどうかに関しては明確ではありません（すなわち，中立です）。Tom kicked the door open. とすると「トムはドアを蹴り開けた」と結果状態を表現しま

す。動能構文は，基本的には動詞に移動・接触の両方の意味概念が含意される時に成立するので，そのいずれかの要素を欠いた場合 (e.g. *Tom moved at the table.（接触していない），*Tom touched at the cat.（移動していない）) や，結果状態を含意する場合 (e.g. *Tom broke at the vase.) は非文となります（2.2 節を参照）。

　(4c) の派生語については，-able の接尾辞が他動詞に付加する下位範疇化素性（4.3 節を参照）をもつことから自動詞の go や arrive には付加しないことがわかります。意味的には働きかけ動詞と使役他動詞の両方が可能であり，したがって対象に変化があるかどうかは派生語の成立に関係しません。動作主とその行為の対象をもつ他動詞でスル型動詞の意味をもつ場合に -able が付加すると言えます。

　(4d) において，動詞の過去分詞形が完了形容詞になれるかどうかの基準は，状態変化（BECOME）の焦点化が見られるかどうかと大いに関係します。appear, arrive のような状態変化動詞はこれだけでは完了形容詞となりにくいが，recently や newly の副詞を入れることにより (e.g. a newly appeared book)，結果状態を明確にすることができて，可能な表現になります。

　複合動詞はたくさんあり，「食べ歩く」「食べ過ぎる」のように，すぐに例を思いつくことができます。しかし，その一方で私たちは「*食べ転ぶ」「*食べ落ちる」のようには言わないことにも気づいています。そこにはどのような制限が働いているのでしょうか。考えていくと興味深いところです。

練習問題

1. 次の二つの文の意味の違いを説明しなさい。

　a.　Tom cleared the room in an hour.

　b.　Tom cleared the room for an hour.

2. 次の文が不自然になる理由を考えなさい。

　a.　*Tom took a ball in the box in three minutes.

第 7 章　意味論　　121

　b. *Tom ran it up.　[it は the steep hill を指します]

3.　次の各表現が使えないのはなぜか答えなさい。

　a. *a danced girl ('a girl who has finished dancing')

　b. ?閉めた窓（cf. 閉まった窓，締め切った窓）

　c. *appearable

第8章 音韻論

　この章では，ことばの音に関する事実や現象を取り上げます。また，語彙音韻論の問題を指摘します。8.1 節では，英語の音節（＝シラブル）構造と日本語のモーラについて言及します。8.2 節では，連濁現象を取り上げ，その成立条件について考察します。8.3 節では，オノマトペの種類とサ変動詞の関係について述べます。8.4 節では，音韻規則と形態規則を連動させるレベル順序付け仮説から生じる問題を指摘します。

8.1.　シラブルとモーラ

Keywords: 音節，頭子音，頂点，尾子音，モーラ，韻

　"smog"（スモッグ）は smoke と fog の混成語（4.1 節を参照）です。本節では音韻論的な観点から "smog" を見てみましょう。

　英語には音節（syllable）という単位があります。音節は語源的にはギリシャ語で「団結したもの」「寄せ集められたもの」という意味です。したがって，音節はまとまった音の単位を構成します。

　ところで，実際はどのように音がまとまるのでしょうか。音には基本的に母音（vowel, V）と子音（consonant, C）があり，英語の母音としては短母音の /ə/（bird /bə:d/），/ɔ/（boy /bɔɪ/），/æ/（apple /æpl/）

122

や二重母音の /ai/ (light /láɪt/), /au/ (out /áʊt/), /ei/ (eight /éɪt/) などがあり，子音としては /k/ (king /kíŋ/), /g/ (gang /gǽŋ/), /ʃ/ (fish /fíʃ/), /ʒ/ (measure /méʒə/), /tʃ/ (church /tʃəːtʃ/), /dʒ/ (jump /dʒʌmp/) などがあります。これらの母音と子音がどのようにまとまるのでしょうか。

音節は（1）のように母音（頂点）を中心に子音（頭子音と尾子音）がその前後にまとまる構造をしています。

(1)

たとえば，(1) に見られるように英語の strike /stráik/ の語は，str の三つの子音の頭子音と，一つの k の尾子音が ai の二重母音の頂点（核ともいう）を中心に前後にまとまった語で，1 音節で発音されます。

英語の頭子音の最大数は 3 個 (e.g. spring /spríŋ/) で，尾子音は 4 個 (e.g. glimpsed /glímpst/) まで頂点の周りに現れます。すなわち，CCCVCCCC が最大の単音節構造を形成しています。注意してほしいことは音節の分析がアルファベットの綴りではなく発音記号上の母音と子音の関係です。よくある勘違いは，綴りだけを見て (e.g. glimpsed)，i と e があるので 2 音節とカウントする間違いです。発音記号は /glímpst/ なので，この単語は単音節になります。

日本語は子音を連続させることはなく，母音 (V, VV) (e.g. 絵 /e/, 愛 /ai/)，だけか，子音一つに母音一つ (CV, CVCV) (e.g. 目 /me/, 鼻 /hana/) というパタンが圧倒的に多いです。日本語でも拗音，促音のような特殊モーラが来る場合は子音の連続が生じます。拗音はキャ，キュ，キョのような音で，/ja/, /ju/, /jo/ の音に子音が加わったものです。促音は「っ」の詰まる音のことを言います。

(2)　旅行 /ryokoo/　　切手 /kitte/　　冊子 /sassi/

日本語の音の単位であるモーラは音楽の「拍」と同じ概念で，音節と長さが異なります。たとえば，ビニール（vi・nyl）とナイロン（ny・lon）は，4 モーラ（ビ・ニ・ー・ル）と 4 モーラ（ナ・イ・ロ・ン）ですが，音節では 2 音節 /váinəl/ と 2 音節 /náilən/ になります。ちなみに，混成語のビニロンは 4 モーラになります。音節の区切りは英語の辞書の中で確かめることができますが，モーラは長音（e.g. お母さん /okaasan/）や撥音（e.g. 本 /hon/）の特殊モーラを含めて 1 モーラと数えるのでたとえば，strike を /ス・ト・ラ・イ・ク/ とカタカナ英語で発音すると 5 モーラになり 1 音節の strike よりも長く聞こえます。英語の母語話者はカタカナ英語がわからないと思うのは当然です。音節の理解は英語らしい発音をマスターする基本となります。

さて，"smog" の話に戻りましょう。"smog" は（3）のような組み合わせで，前半の語の 1 部と後半の語の 1 部が削除された形で作られます。

(3) a.　smo(ke) + (fo)g = smog
　　 b.　sm(oke) + (f)og = smog

どちらの組み合わせが混成語の成立として正しいのでしょうか。

私たち日本語の母語話者にとっては，（3a）の組み合わせが適格だと感じます。一方，英語の母語話者は，（3b）の組み合わせが適格だと感じる人が統計的に多いようです。窪蘭（1995: 174–175）によると，日本語と英語の子音・母音の結合パタンが異なるために（3）のような組み合わせの違いが起こりうると説明しています。すなわち，英語では（1）の構造の母音の頂点と尾子音がライム（脚）という構成単位をなすのに対して，日本語では子音と母音でモーラを形成するので頭子音と母音が結合する傾向が強いということです。

英語では，音節が頭子音とライムの間で分割されるということは頭韻や脚韻の現象を引き出す根拠にもなります。韻を踏む言葉は標語や宣伝文句や早口言葉などに見られるので日本語と英語の韻の踏

第 8 章　音韻論　　125

み方の違いをモーラの結合パタンと音節の結合パタンの違いから調べてみるとリズムの形成も明らかにされます。

(4)　日英語の頭韻
　　　a.　飲んだら乗るな，乗るなら飲むな
　　　b.　Don't Drink and Drive.
　　　c.　なまむぎ・なまごめ・なまたまご
　　　d.　Peter Piper picked a peck of pickled pepper.
　　　e.　The sixth sick sheik's sixth sheep's sick.
　　　　　［ギネスブックに記録されている一番難しい早口言葉］
(5)　日英語の脚韻
　　　a.　セブン・イレブン・いい気分
　　　b.　Humpty Dumpty　［nursery rhyme のキャラクター名］

練習問題

1.　次の単語を辞書で調べて，音節の区切りと音節の構造（頭子音，頂点，尾子音）を確かめなさい。
　　a.　lemon　　　　　b.　melon
　　c.　chimpanzee　　d.　hippopotamus

2.　spoon と fork で混成すると "spork" となります。"smog" のような組み合わせを考えて日本語と英語の母語話者の捉え方の違いを確認しなさい。

3.　ハワイの王様のカメハメハ大王の「カメハメハ」はどのように韻をふんでいるでしょうか（すなわち，カ＋メハ＋メハ，カメ＋ハメ＋ハ，カメハ＋メハ？）。インターネットで調べなさい。

8.2. 連濁の不思議

Keywords: 清音，濁音，ライマンの法則，連濁の規則性

連濁とは何か。日本国語大辞典（2006）によると「二つの語が結合して一語を作るとき，あとの語の語頭の清音が濁音に変わること」と説明があります。具体的には，複合語の後部要素のカ行，サ行，タ行，ハ行の清音が濁音のガ行，ザ行，ダ行，バ行になることを言います。具体的に見ていきましょう。(1) の下線部が連濁を生じさせている箇所です。

(1) a. 雨＋傘（あま<u>が</u>さ），日本＋髪（にほん<u>が</u>み），
色＋紙（いろ<u>が</u>み）
b. 豚＋汁（ぶた<u>じ</u>る），灰＋皿（はい<u>ざ</u>ら），
ボス＋猿（ボス<u>ざ</u>る）
c. 本＋棚（ほん<u>だ</u>な），二本＋立て（にほん<u>だ</u>て），
水＋蛸（みず<u>だ</u>こ）
d. ゴミ＋箱（ごみ<u>ば</u>こ），一番＋星（いちばん<u>ぼ</u>し），
西＋日（にし<u>び</u>）
cf. 朝日（あさひ）

(1) のどの例も後部要素の語頭の清音が濁音に変化していることに気づきます。それではどのような環境条件（語種や音）で連濁が生じてくるのか検討してみます。以下の五つの規則があると仮定されています。

（規則 1）：撥音（ん）の直後に付いた語は連濁しやすい。
(2) 新顔（しん<u>が</u>お），計算高い（けいさん<u>だ</u>かい），
味醂干（みりん<u>ぼ</u>し），洗面所（せんめん<u>じ</u>ょ）
cf. 変電所（へんでん<u>し</u>ょ）

（規則 2）：後部要素が和語の場合は連濁が生じ，漢語の場合は生じない傾向にある。

第8章　音韻論　　127

(3)　空車（あき<u>ぐ</u>るま）（くう<u>しゃ</u>，*くう<u>じゃ</u>），
　　　流れ星（ながれ<u>ほし</u>）（りゅうせい，*りゅうぜい）
　　　cf. 芋焼酎（いも<u>じょ</u>うちゅう）

（規則3）：後部要素が和語の場合は連濁が生じ，外来語の場合は
　　　　　生じない傾向にある。

(4)　野菜カレー（やさい<u>カレー</u>，*やさい<u>ガレー</u>），
　　　真子鰈（まこ<u>が</u>れい）　cf. 雨合羽（あま<u>が</u>っぱ）

（規則4）：後部要素にあらかじめ濁音が生じていれば連濁は生じ
　　　　　ない傾向にある。

(5)　札束（さつ<u>た</u>ば，*さつ<u>だ</u>ば），合鍵（あい<u>かぎ</u>，*あい<u>がぎ</u>）
　　　cf. 縄梯子（なわ<u>ば</u>しご）

（規則5）：前部要素が後部要素の目的語の関係があれば連濁しな
　　　　　い傾向にある。

(6)　麦踏み（むぎ<u>ふ</u>み）と足踏み（あし<u>ぶ</u>み），飯炊き（めし<u>たき</u>）
　　　と水炊き（みず<u>だき</u>），布団干し（ふとん<u>ほし</u>）と陰干し
　　　（かげ<u>ほし</u>），絵書き（え<u>か</u>き）と鉛筆書き（えんぴつ<u>が</u>き）

　規則1に当てはまらない「変電所」（へんでん<u>しょ</u>）の例と同じ
ように「発電所」（はつでん<u>しょ</u>）があります。刑務所，市役所，
駐在所，事務所などは「所」を「しょ」と読みますが，教習所，停
留所，稽古所などは「所」を「じょ」と読みます。どのような音の
規則が働いているのか考えてみてください。
　規則2は後部要素が漢語であれば連濁が生じない傾向があるとと
いうことで，「芋焼酎」の反例以外に「ガラス細工」（<u>ざ</u>いく），「練
習試合」（れんしゅう<u>じ</u>あい）「夫婦喧嘩」（ふうふ<u>げ</u>んか）があり
ます。
　規則3は後部要素が外来語であれば連濁が生じないことを言っ
ていますが，「雨合羽」の「カッパ」はポルトガル語の capa から由
来したものです。同様に「いろは歌留多」（いろはがるた）の「カル

タ」もポルトガル語の carta から由来しています。「カッパ」も「カルタ」も日本の文化に溶け込んでいるので和語化したと考えて，「雨合羽」「いろは歌留多」では連濁が生じたものと捉えられます。

規則 4 は 1894 年にドイツ人のライマンが発見した規則なので「ライマンの法則」と呼ばれています。原口（2000）では「本居宣長の法則」と呼んでいます。

規則 5 の連濁の特徴として「麦踏み」は「麦を踏むこと」で「麦」が「踏む」の目的語になっています。一方，「足踏み」は「足を踏むこと」ではありません。「立ち止まったまま両足を交互に上げ下げすること」です。連濁が生じる場合は，前の要素が副詞的になる傾向があります（e.g.「陰で干す」「鉛筆で書く」）。しかし，「小説書き」のように職業（人）になると連濁が生じません（原口（2000: 721））（連濁と「する」の関係は 11.4 節を参照）。

連濁は A と B のような並列語には生じません（e.g. 草木（くさき），親子（おやこ），開け閉め（あけしめ），飲み食い（のみくい），白黒写真（しろくろしゃしん））。原口（2000: 730）は「連濁論は，音韻論と音声学，形態論，統語論，意味論などさまざまな観点から多角的に考察を加えなければ，全体の姿を明らかにすることは不可能である」と指摘しています。

練習問題

1. 次の連濁を含む語，含まない語は本文のどの規則性に基づき説明できるのか考えなさい。

　a.　おもちゃ箱，生け花，川底，花畑，目薬

　b.　目標達成，新聞配達，物書き，人相書き

　c.　胃カメラ，魚釣り，磯釣り

2. a.　塗箸箱「ぬりばしばこ」と「ぬりはしばこ」の構造と意味を考えなさい。

　　b.　「にせたぬきじる」と「にせだぬきじる」の構造と意味を

考えなさい。

ヒント： a.

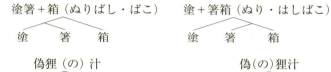

塗箸＋箱（ぬりばし・ばこ）　　塗＋箸箱（ぬり・はしばこ）

b.　　　偽狸（の）汁　　　　　　　偽（の）狸汁

にせ　だぬき（の）じる（しる）　にせ（の）　たぬき　　じる

3. 山川は「やまかわ」と「やまがわ」の読み方がある。両者の意味の違いを構造で説明しなさい。

8.3. オノマトペとサ変動詞「する」の関係

Keywords: オノマトペの背景，オノマトペの定義，サ変動詞「する」との関係

　NHK（平成29年1月30日放送）の「あさイチ」の番組でオノマトペの効用について話されていました。それによると，園児が忘れ物をしないように「ピピピ」と唱えてもってくる物（e.g. 鉛筆，なわとび，ピアニカなど）を忘れないようにさせるときや，主婦が大根おろしをするときに「ザッザッザッ」と唱えれば，スムーズに事が行えるという内容でした。

　私たちは日常生活において周りにオノマトペが使用されていることに気づきます（用例は『オノマトペの魅力と不思議』（国立国語研究所第10回 NINIJAL フォーラムの冊子より），イタリックがオノマトペを表します）。

(1) a. 大きな桃が，*どんぶらっこ*，*どんぶらっこ*と流れてきました。（桃太郎）
　　b. *ピカチュウ*（ピカッ＋チュウ）（漫画アニメ）
　　c. *ひこにゃん*（彦根＋ニャン）（ゆるキャラ）
　　d. *ホッカホカ*亭（弁当屋）

e.　ミンミン蝉（動物）

d.　壁ドンを　妻にやったら　平手打ち（川柳）

e.　そっと起き　そっと出掛けて　そっと寝る（川柳）

f.　やせるお茶　せっせと飲んで　水太り（川柳）

　オノマトペはお母さんが赤ちゃんに語りかけるときによく使います。「ウサギがピョンピョンしているね」と言えば，何となくウサギの様子が言語音と結びついていることがわかります。今井（2017）によると，「もしかしたら言葉を話し始める前の赤ちゃんでも，音と意味の結びつきに対するセンサーを持っていて，大人が使うような単語は，脳がまだ未熟でうまく処理できないけれど，オノマトペだったら簡単に処理できるのかもしれない」と主張しています。

　オノマトペは日本語に多いのは事実ですが，世界の言語の中では秋田（2017）によると南インドのタミル語や西アフリカのヨルバ語などでは，その数が「無制限」と言われています。アマゾンのケチュア語のような「未発達地域の言語」に多いのも事実ですが，そうすると日本語や韓国語は当てはまりません。

　日本語のオノマトペは品詞的には副詞が多いのに対して英語では動詞で捉える傾向があります（用例は，窪薗（2017））。

（2）　日本語　　　　　　　　　　　　英語
　　　どんぶらっこ，どんぶらっこ　bobbing and rolling down
　　　メソメソ泣く　　　　　　　　weep
　　　クスンクスン泣く　　　　　　sob

　日本語では動詞表現より副詞が多いとなるとサ変動詞の「する」を付けて動詞化する必要性が出てきます。このあとの議論でどのようなオノマトペに「する」が付くのかを検討していきます。その前にオノマトペとはどのように定義されるのかを見ておきます。

　言語学的にオノマトペを定義すると，『広辞苑』（2008）は擬声語と擬音語と擬態語の三つに分類しています。

(3) a. 擬声語：特に，人・動物の声をまねた語。「きゃあきゃ
あ」「ワンワン」の類。写声語。

b. 擬音語：実際の音をまねて言葉とした語。「さらさら」
「わんわん」など。

c. 擬態語：視覚・触覚など聴覚以外の感覚印象を言語音で
表現した語。「にやにや」「ふらふら」「ゆったり」の類。

(3a, b) を合わせて擬声語と定義する辞書もあります (e.g.『日本
国語大辞典』(2006) など)。

筧・田守 (1993: 42-47) によると，オノマトペに「～する」動詞
が付くのは次の 7 つの場合であると考えます (促音，撥音については
8.1 節を参照)。

(7) a. 1 音節に促音が付いたもの (e.g. はっとする，ほっとす
る，など)

b. 1 音節に撥音が付いたもの (e.g. しゃんとする，つんと
する，など)

c. 2 音節の反復したもの (e.g. うろうろする，ひりひりす
る，など)

d. 2 音節の語基に促音ないし撥音を持ち「り」で終わって
いるもの (e.g. あっさりする，さっぱりする，ぼんやり
する，のんびりする，など)

e. 2 音節の語基に促音の付いたもの (e.g. にこっとする，
ぽけっとする，など)

f. 2 音節の語基に撥音の付いたもの (e.g. がらんとする，
きょとんとする，など)

g. 2 音節反復形の変種 (e.g. うろちょろする，がさごそす
る，など)

筧・田守 (1993: 8) によると，典型的なオノマトペは (7c) のタ
イプの 2 音節反復形です。また，「と」の助詞は様態副詞に使われ，

「に」の助詞は結果副詞に使われます。たとえば，(8) の文を比べてみましょう (用例は，筧・田守 (1993: 32))。

(8) a. 積み木の山がくずれている。
    b. 積み木の山がばらばらとくずれている。
    c. 積み木の山がばらばらにくずれている。

筧・田守 (1993) は，(8a) の文には「進行」「結果」の両方の読みがあるが，(8b) は「進行」の，(8c) は「結果」の解釈しかないと説明しています。オノマトペに付く「と」「に」の助詞の違いが様態と結果の意味を表し，「進行」と「結果」の解釈が決まるというのは興味深いところです。

浜野 (2014: 111) によると，「と」が付く場合と付かない場合のオノマトペの「する」表現には，(9) のように「する」箇所を切り離せる離せないの違いが見られ，(9b) のように切り離せる場合は (9c) のように一般的な動詞の働きを「スル」がしていることを指摘しています。

(9) a. 誰にでも<u>ペコペコ</u>する。→ *ペコペコ誰にでもする。
    b. お辞儀を<u>ペコペコ</u>とする。→ <u>ペコペコ</u>とお辞儀をする。
    c. 誰にでも<u>ペコペコ</u>とへつらう。→ <u>ペコペコ</u>と誰にでもへつらう。

また，「する」が付くオノマトペにどのような特徴があるかに関しては，筧・田守 (1993: 45) が指摘するとおり，「残念ながら，当該動詞化が可能なオノマトペ全てに共通した特徴を抽出することはできない」のが事実ですが，「ざわざわ」「どんどん」等，ごく一部の擬音語を除けば，様態を表すものが多く，特に人間の心理状態を記述する「擬情語」(e.g. かりかりする，うきうきする，うんざりする，など) に「する」が付く傾向があります。

第 8 章　音韻論　　133

練習問題

1. 次のオノマトペの例を見て，どのような特徴があるか考えなさい。
　a.　がー　　　　b.　きゃっきゃっ
　c.　ばんばん　　d.　ばたり

2. 次のオノマトペは何音節になるか例を参考にして答えなさい
（CV で 1 音節，CVCV で 2 音節として計算しましょう）。
　（例）　からから　　karakara（**CVCVCVCV**）（2 音節の反復形，つま
　　　　　　　　　　　　り 4 音節）
　　　　　ぽきん　　　pokin（**CVCVN**）（2 音節＋撥音，N は撥音を表す）
　　　　　ぽきっ　　　pokitt（**CVCVQ**）（2 音節＋促音），Q は促音を表す）
　　　　　ぽきり　　　pokiri（**CVCVri**）（2 音節＋り）
　　　　　きゃー　　　kya-（**CVV**）（1 音節＋長音），VV は長音を表す）
　a.　がば　　b.　ぐらり　　c.　がーん　　d.　かんかん

3. 次の各文のオノマトペを含んだ文の意味が「進行」「結果」のど
ちらの意味になるか答えなさい（用例は，筧・田守（1993: 33））。
　a.　積み木の山をくずしている。
　b.　積み木の山をばらばらとくずしている。
　c.　積み木の山をばらばらにくずしている。

8.4.　語彙音韻論の問題

Keywords: LOH の定義，二重性の問題，レベル順序付けパラドックス，過
　　　　　剰生成の問題

　4.3 節でレベル順序付け仮説（Level Ordered Hypothesis）（本節
では LOH と省略します）について言及しました。Siegel（1974），
Allen（1978）で提唱されたこの仮説は，レキシコンの中であらか
じめ接辞がレベル 1，2 のように指定され，下位範疇化素性を満た
しながら派生語の生成過程と接辞付加の方向性が決定されました。
その後，さらに Mohanan（1982）や Kiparsky（1982, 1983）は，

語彙音韻論（Lexical Phonology）の枠組みで，語形成規則と音韻規則を連動させる仕組みを確立しました。本節ではその仕組みを紹介するのではなく，語彙音韻論の捉え方にはいくつかの問題が生じてくるという話をします（語彙音韻論の枠組み・仕組みについては，高橋・福田（2001）を参照のこと）。

　その前に，語彙音韻論の基本的な考え方について簡単におさらいしておきます。レベル1の接辞とレベル2の接辞を分ける根拠として，4.3節では形態的・音韻的変化（強勢移動，切り取り規則など）があるかないかにより，レベル1・2の接辞が決定されることを述べました（本節では，同化（assimilation）という現象を加えています）。

(1) a.　強勢移動あり（e.g. réal → reálity）-ity はレベル1
　　　　強勢移動なし（e.g. réal → réalness）-ness はレベル2
　　 b.　同化あり（e.g. possible → impossible）in- はレベル1
　　　　同化なし（e.g. practical → unpractical）un- はレベル2
　　 c.　切り取りあり（e.g. tolerate → tolerable）-able はレベル1
　　　　切り取りなし（e.g. tolerate → toleratable）-able はレベル2

すなわち，レベル1・2の接辞はレキシコンであらかじめ指定され，音韻規則と形態規則が連動する形で接辞のレベル1・2が決定されます。レベル1接辞（e.g. in-, -ation, -ee, -ic, -ive, -ity, -ize など）は強勢移動を引き起こす接辞なので強勢付与規則はレベル1接辞付加の際に適用されます。一方，レベル2接辞（e.g. un-, -er, -ism, -less, -ly, -ness など）は付加の際に強勢付与規則が適用されません。切り取りも強勢移動と同様に，適用されるのはレベル1接辞（e.g. -ous, -ation, -ence など）で，切り取り規則はレベル1接辞付加の際にレベル1の接辞に対して適用されます。一方，レベル2接辞付加の際には切り取り規則は適用されないと考えます（ただし，Aronoff（1976: 93）はレベル2接辞付加の際にレベル2の -ly の切り取りが生じると仮定しています。11.2節を参照）。

第 8 章 音韻論 135

　さて，語彙音韻論の枠組みでは何が問題かと言いますと，次の 4 点にあります。

(2)　a.　レベルの意味や定義が明確でない問題
　　　b.　レベルの二重性の問題
　　　c.　（レベル）順序付けパラドックスの問題
　　　d.　過剰生成の問題

（高橋 (2009: 158)）

　(2a) は LOH の立場の人に揺れや定義上の問題があるということです。たとえば，Siegel (1974) はレベルをクラスと呼びますが，クラスを二つしか設けません。一方，Allen (1978) や Kiparsky (1982) はレベルを三つ設けています。さらに，Mohanan (1982) はレベルを層と呼び，層を四つに分けて分析しています。このように，立場がいろいろあるという問題です。
　次に，LOH の定義上の問題を指摘します。Allen (1978: 6) は，「レベル 1 の接辞が基体の強勢移動を生じさせ，語幹 (stem) に付加するのに対して，レベル 2 接辞は強勢移動に関与せず，語のみに接辞が付加する」と定義づけています。高橋 (1992: 56) では (3) のような反例があることを指摘しました。

(3)　a.　ádequate → inádequate, effícient → ineffícient
　　　b.　bíogaraph → bíógrapher, phótograph → photógrapher
　　　c.　grue-some, ful-some, hap-less, reck-less

　(3a) は接頭辞の in- がレベル 1 なのに強勢移動を生じさせないこと，(3b) は接尾辞の -er がレベル 2 なのに強勢移動を引き起こしていること，(3c) は接尾辞の -some, -less がレベル 2 なのに語より小さな語幹の基体を取っていることです。これらの事実は，上述の Allen の定義に反します。
　(2b) のレベルの二重性の問題は同じ接辞がレベル 1 になったり，レベル 2 になったりする問題です。この問題は，Aronoff (1976:

121-128），Selkirk（1982: 104-106），Szpyra（1989: 45-62），Giegerich（1999: 15-65）などで論じられています。ここでは，Aronoff（1976: 54）の -mental の派生における二重性の問題を指摘します。

(4) a.　ornament（*orna）ornamental,
　　　　regiment（*regi）regimental
　　b.　employment（employ）*employmental,
　　　　containment（contain）*containmental

　Aronoff は（4a, b）における -mental の適格性の違いを説明するのに，-al が -ment に付加する際に内部構造が $X_v$ment には適用できない否定制限を考えています。たとえば，（4b）の *employmental が阻止されるのは employ という動詞が基体にあるため，この否定制限が働き -al 付加が排除されるからです。一方，ornament の基体は *orna ですから，動詞ではないので否定制限に抵触せず ornamental が派生されるということになります。ここで，上述した Allen（1978）の LOH の定義に従うと，ornament は *orna が語幹となり -ment がレベル 1 になり，一方，employment は employ が語なので -ment がレベル 2 になることを意味しています。これは，同じ接尾辞の -ment がレベル 1・2 という二重の資格をもつことになり，ここにレベルの二重性の問題が生じてきます。他にも，-able や un- に二重性の問題が見られます（Aronoff（1976: 123-124），Selkirk（1982: 100））。

　-ment にレベル 1・2 の区別がなされると，（4a, b）の派生語を捉えるのに LOH はうまく説明ができるように思われますが（e.g. ornament[1]-al[1], *employment[2]-al[1]; ここで数字はレベルを表します），governmental や developmental の派生語を説明するのに新たな問題が生じてきます。これが（2c）のレベル順序付けパラドックスの問題です。順序付けパラドックスというのは，LOH における接辞の順序付けの要請を満たしていないにもかかわらず，派生が促

第 8 章　音韻論　　137

されるという事実です。この件について ungrammaticality の派生語がよく取り上げられ議論されてきました (e.g. Kiparsky (1982), Pesetsky (1985), 高橋 (1992) など)。本節では governmental を考えてみます。govern は動詞なので -ment はレベル 2 になるはずです。また，-al はレベル 1 なので全体の派生は [govern]$_v$ment[2]-al[1] になり，LOH の要請を満たしていないことになります。ところが，governmental は排除されず，正しく派生されます。このことがレベル順序付けパラドックスの問題になります。

　最後に，(2d) の過剰生成の問題について言及します。この問題は，上述の順序付けパラドックスとは逆の観点から生じてきます。すなわち，LOH における接辞の順序付けの要請を満たしているにもかかわらず，派生が促されないという問題です。この問題を最初に明確に指摘したのは高橋 (1987: 486) においてです。その後，Fabb (1988: 533) や Hay and Plag (2004: 567) などで同じレベルの接辞の組み合わせが LOH に従わない例があることを指摘します (e.g. *person-al[1]-ify[1])。LOH が提唱されるより前に (5) のような派生語は認められない事実は Chapin (1970: 54, 56) で指摘されていました (レベルを示す数字は，筆者が加えたものです)。

(5)　*weakness[2]-ful[2], *judgement[2]-ful[2],
　　　*wisedom[2]-ful[2], *painful[2]-ness[2]-less[2],
　　　*conscious[1]-ness[2]-less[2], *involvement[2]-less[2],
　　　*agreement[2]less[2]

さらに，Takahashi (1992: 184, 186) の例を追加すると (6) のような過剰生成の問題が生じてきます。

(6)　a.　cómparab[1]-ly[2], *compárab[2]-ly[2]
　　　b.　cultivab[1]-ly[2], *cultivatab[2]-ly[2]
　　　c.　girlish[2]-ly[2], girlish[2]-ness[2]
　　　d.　*oldish[2]-ly[2], *oldish[2]-ness[2]

練習問題

1. -tion の接辞は動詞に付加して名詞を形成する。次の派生語の基体動詞から派生名詞形への形態的・音韻的変化を述べなさい。

   a. admit   b. describe   c. divide

2. 次の (a)，(b) のペアにおける下線部の接辞がレベル1かレベル2かを述べ，両者の派生語の意味の違いがあるのかどうかを調べなさい。

   a. <u>variety</u> と <u>variousness</u>

   b. <u>immoral</u> と <u>unmoral</u>

3. 本文の (6a, b) の派生語はなぜ -able のレベルが異なるのか，強勢移動と -ate の切り取りの観点から述べなさい。

   a. cómparab[1]-ly[2], *compárab[2]-ly[2]

   b. cultivab[1]-ly[2], *cultivatab[2]-ly[2]

第9章　語用論

　この章では，コンテクストの中で語や文がどのように使われるのか，話し手や聞き手の観点から見れば語や文はどのような記述が可能かについて考察します。また，話し手や聞き手は状況を把握しながら適切な言葉を選びます。そこで，どのようにこれらの情報を獲得し，コミュニケーションを円滑に進めることができるのかについて検討します。9.1 節では，at first と at last のつなぎ語の用法について言及します。9.2 節では，話し手や聞き手の視点（ハイアラーキー）や共感度という観点から動詞句や文の表現を分析します。9.3 節では，話し手や聞き手の情報が近いか，遠いかによって文末の形が決まる「情報のなわ張り理論」について紹介します。9.4 節では，文の発話がどのように行われるのか，発話行為（直接発話行為・間接発話行為）について言及します。

9.1.　英語では「とうとう試験に落ちた」と言えないのはなぜ

Keywords: イディオム，つなぎ語，話し手・聞き手，談話，at first と at last の用法

　英語を書くときに大事なのは単語や構文の知識ですが，単語の意味だけを覚えていても，その用法や日英語の意味の差を知らない

と，正しい英作文が書けなくて英借文になるケースが多々あります。特に，イディオムはまとまった単位で意味を捉えておかないとおかしなことになります。たとえば，kick the bucket は「死ぬ」という意味ですが，一つ一つの単語を足して訳せば「バケツを蹴る」となり「死ぬ」という状況把握ができなくなります。したがって，kick the bucket の意味は die であると，そのイディオムの意味を丸ごと理解しておくことが必要です。

　日本語と英語には語順の違い（5.3 節を参照）があり，また日本語や英語にしかない表現や構文も結構多いです。7.6 節で見たように，日本語の複合動詞の意味（完結性）を表すのに句動詞の表現を使うのはその典型です。動詞や名詞の単語の意味が日本語と英語で同じように辞書に記載されていても日本語と英語に語彙的アスペクトの違いがあるので，正確な辞書的意味や状況的意味を理解しなければなりません。

　本節では話し手・聞き手の立場から日英語で違いが見られる，つなぎ語（connective）の at last「とうとう」と at first「最初に」の意味を比較検討してみます。語用論というのは簡単に言うと，話し手・聞き手がどのように語を使用するかを研究する分野です。つなぎ語は，談話（discourse）の中で文と文をつなぐ働きのある at first, finally, anyway, in fact, on the other hand のような表現を指しますが，言語使用の場では，これらのつなぎ語の辞書的意味を知っておくだけではダメで，どのように談話の中で使用するかの話し手・聞き手の知識を理解しておくことが大切です。

　意味のまとまりのある複数の文章を談話と呼びますが，その文章が首尾一貫した（coherent）コンテクスト（文脈）を形成し，時間の流れに沿って表現されます（e.g. I waked up. I washed my face. I made some coffee.）。つなぎ語を入れると時間の流れを変更することができます（e.g. After I washed my face, I waked up, and then I made some coffee.）。また，別の文を補うと新しいコンテクストができあがります（e.g. I washed my face, but I was still sleepy. So, I made some coffee.

Finally, I waked up.)。英文を作るときに気をつけることは難しい単語や構文を使用するよりも日常的な簡単な表現を使うことであり，何よりも談話の流れを理解しながら書く練習を積むことです。

　それでは実際に，at last を「とうとう，ついに」と訳しているとなぜ困るかについて説明しましょう。日本語の「とうとう，ついに」は「とうとう試験に落ちた」とも「とうとう試験に合格した」とも言えます。しかし，英語では At last he failed in the examination. とは言わないです。もちろん，At last he passed the examination. とは言えます。つまり，日本語の「とうとう，ついに」は，ある事態の成立・不成立の両面を表現できるのに対し，英語の at last はある事態の成立のみを表現するだけです。いわば，at last は待ち望んでいたことが最終的に実現するときに使います。したがって，日本語で「とうとう試験に落ちた」と言えても，英語では At last he failed in the examination. とは言わないことになります。それゆえに at last は，厳密に言うと日本語で「とうとう，ついに」と訳すよりも「やっとのことで」と訳しておけば，話し手の希望が実現したことを示すことができ，日本語の曖昧性も取り除くことができます。

　at last と似たつなぎ語に at first がありますが，これもよく誤用されます。at first を「最初に」と訳していると，「最初に，その問題について意見を述べたいと思います」を At first, I would like to express an opinion about the issue. と英作する恐れがあります。しかし，実際の意味としては，その問題について意見を述べなくなるか，あるいはあとで意見を変えるのではないかという含みが出てきます。なぜなら，at first には "What is true in the beginning turns out not to be true later." の意味が含意されるからです。

　よく，卒業論文の Introduction の中で，At first in this chapter, I would like to examine the problem about X. の表現をよく見かけますが，これは at first を first(ly) や first of all に換えないと，その章の終わりや他章では，その問題を検討しなくなるようなニュ

アンスで受け取られるので特に注意が必要です。

　同様に，at last も「最後に」の順番を述べる表現ではないので，At last, I'd like to describe the remaining problems in the conclusion. とすると，やっとのことで，残された問題を結論で述べられると話し手が待ち望んでいるような意味で受け取られるので不自然です。at first と同様に at last は順番を表さないので last(ly) や last of all に換える必要があります。

　ところで，日本語である事態の不成立を表現できるならば，英語ではそれをどのように言うのかが気になります。つまり，上記の「とうとう試験に落ちた」の正しい英語版です。それは In the end, he failed in the examination. と言います。試験に落ちないようにこの表現を憶えておきましょう。

　最後に，finally について述べてみます。このつなぎ語は，at last と in the end の両方の機能をもっています。すなわち，He finally accomplished his purpose.「とうとう彼は自分の目的を達成した」と He finally died of the cancer.「ついに彼は癌でなくなった」の事態の成立・不成立の両面を表します。したがって，聞き手には finally は曖昧に聞こえることがあるので誤解されないように避けたほうが無難です。finally は形式的なスピーチや論文の中で「最後に述べる」場面で使用されますが，いずれも書き言葉です。

　ここまで，つなぎ語の at last, at first, in the end, finally の用法について見てきました。日本語訳に引っ張られないように英語の的確な意味を捉えることが大切です。ここでは述べませんでしたが，それらのつなぎ語が文頭，文中，文尾のどの位置に生じるのか。また，位置の違いが意味の違いをもたらすのかについても調べる必要があります。インターネットで検索するとつなぎ語のさまざまな使用場面が明らかになるので便利です。

練習問題

1. 次の日本語を下線部の表現に気をつけて英語に直しなさい。

第 9 章　語用論　　143

a.　その封筒はやっとのことで食堂にある時計の裏側で見つかった。

b.　初め，世界中の国が私たちのことを真剣に考えてくれなかった。

2.　次の下線部に，"at first" と "first (ly)" のいずれのつなぎ語が入るか答えなさい。

a.　____ everything went well, but gradually the situation changed.

b.　Let me say ____ that I am happy to see you today.

c.　When an earthquake happens, you should ____ turn off the gas.

9.2.　「行き来する」が come and go となるのはなぜ

Keywords: 視点，共感度，ハイアラーキー，come と go，(ab)normal state

　　私たちは日常的に歩いていると建物（家）や樹木（木）の風景を見かけます。家と木が並んで立っている空間関係を描写するとき，「?木の横に家がある」と言うよりも「家の横に木がある」と言うほうが自然に思われます。また，本が机の上に置いてある状況を描写するときは，「*本の下に机がある」と言うよりも「机の上に本がある」と言うほうがかなり自然に聞こえます。私達はある物を見て描写するときにどこに視点（viewpoint）を置くかによって表現も変化します。たとえば，突然雨が降り出した状況は「雨が降ってきた」であり，「?雨が降っていった」というのはかなり変に聞こえる表現です。しかし，これも下界ではなくてカミナリさんの視点から見下ろせば「雨が降っていった」と言うほうが「?雨が降ってきた」というよりも自然な表現に感じられるはずです。

　　英語の表現にも視点という概念が構文上の容認性（acceptability）に影響を与えます。話し手・聞き手・第三者という概念も視点と大

144

きく係わり重要です。能動態と受動態の違いを視点という観点から
捉えてみましょう。

(1) a.　Tom kissed Mary.
　　b.　Mary was kissed by Tom.
　　c.　?Mary was kissed by me.
　　d.　Mary was kissed by her brother.
　　e.　?Tom's sister was kissed by him.

(1a) の能動態の視点は中立で Tom と Mary から等距離のところ
から描写されています E (Tom) ＝E (Mary)。ちょうど映画の撮影
でカメラ・アングルがどこに向けられているのかと同じように考え
てみましょう。ここでの E は共感度 (empathy) を表し，指示対象
に対する話し手 (映画ではカメラマン) の視点の同化 (identification) の
度合いを示します。(1a) はまた Tom 寄り (i.e. E (Tom) ＞E (Mary))
にも，Mary 寄り (i.e. E (Mary) ＞E (Tom)) にも視点を合わせるこ
とができます。しかし，(1b) のように受動態にすると視点が主語
にいき Mary 寄りになります (E (Mary) ＞E (Tom))。完全に Mary
に話し手が同一化すると (1b) は I was kissed by Tom. という状
況 (i.e. E (Mary) ＝I) になることもできます。(1d) の her brother
(＝Mary's brother) や (1e) の Tom's sister の視点は所有格にスポッ
トライトが当たり，her brother は Mary 寄りの，Tom's sister は
Tom 寄りの表現となります。話し手はいつも自分 (自称＝1 人称) 寄
りの視点をもち，対称 (2 人称) や他称 (3 人称) よりも視点ハイア
ラーキーが高くなる発話当事者の視点をもちます (i.e. E (自称) ＞E
(対称，他称))。

　以上の視点の捉え方から (1c) (1e) の表現が不自然になる理由
を考えてみましょう。(1c) では受動態の視点ハイアラーキーから
E (Mary) ＞E (me) ですが，発話当事者の視点ハイアラーキーは
E (me) ＞E (Mary) となります。よって，E (Mary) ＞E (me) ＞
E (Mary) となり矛盾が生じ不自然となります。(1e) では Tom's

sister が Tom 寄りで E（Tom）＞ E（Tom's sister = Mary）となりますが，受動態の視点ハイアラーキーは E（Tom's sister = Mary）＞ E（him = Tom）となりますので E（Tom）＞ E（Mary）＞ E（Tom）となり矛盾が生じ不自然となります。

日本語の動詞，「くれる」と「やる」も次のような視点の違いがあります。

(2) a. くれる（視点は与える側（主語）よりも受け取る側（与格目的語）にあります）
    b. やる（視点は受け取る側（与格目的語）よりも与える側（主語）にあります）

したがって，「花子が僕にプレゼントをくれた」「僕が花子にプレゼントをやった」は自然ですが「*僕が花子にプレゼントをくれた」「*花子が僕にプレゼントをやった」は不自然となります。英語の come と go も come up to と go up to で視点が異なります。

(3) a. come up to（視点は主語よりも to 前置詞の目的語にあります）
    b. go up to（視点は to 前置詞の目的語よりも主語にあります）

したがって，Tom came up to me and told me that he failed the exam. や I went up to Tom and told him that I failed the exam. は OK だが，*Mary went up to me and told me that she failed the exam. や *I came up to Tom and told him that I failed the exam. は不自然となります（(2)(3) の視点ハイアラーキーと発話当事者の視点ハイアラーキーを踏まえて考えてみましょう）。come と go は「来る」と「行く」と日本語に訳されます。しかし，誰かから「ちょっと手伝って」と言われた相手に「すぐ行くよ」は英語では I'll come soon. と言い，I'll go soon. とは言えません。もし I'll go soon. と言うと，「私はすぐに出かけるよ」，つまり「今，手伝えない」を意

味し，逆の意味を伝えることになるので注意が必要です。英語の come は話し手・聞き手の両方のところに言及することができますが (e.g. Come here. I'll come to you.)，日本語の「来る」は話し手のところにしか言及できません (e.g.「ここに来なさい」「*あなたのところに来るでしょう」)。一方，英語の go は話し手・聞き手以外の第三者のところや場所に言及し (e.g. I'll go there. *I'll go here.)，日本語の「行く」は，この第三者のところや場所に加えて聞き手（相手）のところにも言及できる点が英語と異なります (e.g.「すぐに彼のところに行きます」「すぐにあなたのところに行きます」)。

「行き来する」「あれこれ」「あちらこちら」を英語にすると "come and go" "this and that" "here and there" となり，"*go and come" "*that and this" "*there and here" とは言いません。英語では話し手に関する表現が先に来て話し手以外の表現は後に来ます。come は normal state を表現するのに使われ，go は abnormal state に言及するときに使われます (Clark (1974)，Hofmann・影山 (1986))。

(4) a. The motor went/*came dead. （モーターは停止した）

　　b. The motor came/*went to life. （モーターが突然かかった）

(5) a. This fruit goes/*comes bad easily.

　　（この果物はいたみやすい）

　　b. All their dreams have come/*gone true.

　　（彼らの夢がすべてかなった）

(6) a. The patient's temperature went up today.

　　（患者の熱が上がった）

　　b. The patient's temperature came down today.

　　（患者の熱は落ち着いた）

(7) a. The plane came/went down near the lake.

　　b. The plane came/*went down safely near the lake.

(7a) において came down は「うまく不時着した」で，went down は「衝突して破損した」の意味があります。したがって，(7b) で

第9章　語用論　147

は safely があるので came down の表現しか使われなくなります。

練習問題

1. 次の英語が不自然になる理由を視点の観点から説明しなさい。
   a. ?Tom's wife was asked by him.
   b. *Mike's brother hit his brother. [ここで Mike's brother（マイクの兄）は John で, his brother は John の弟の Mike を指すと考える]
   c. *You went up to me yesterday and told me that you had been to London.

2. 次の日本語が不自然になる理由を視点の観点から説明しなさい。
   a. *太郎が（太郎の）妹にお金をくれた。
      （cf. 太郎の姉さんが太郎にお金をくれた）
   b. *父が僕に小包を送った。（cf. 僕が父に小包を送った）
   c. *僕が母に小包を寄こした。（cf. 母が僕に小包を寄こした）

3. 次の日本語を英語に直しなさい。
   a. 君の事務所にその手紙を持って行きます。
   b. メアリーのところにその手紙を持って行きます。
   c. 郵便ポストにその手紙を持って行きます。

9.3.　情報のなわばり理論について

Keywords: 話し手・聞き手のなわ張り，直接形・間接形，心の確信度

　神尾（2002: 11）によると，「情報のなわ張り理論」の考え方のきっかけは，佐久間（1936/1951）や服部（1968）にあったそうですが，それらの研究は「こ・そ・あ・ど」や英語の come などの語の研究が中心で，初めて文全体の体系として「情報のなわ張り理論」を神尾が提唱したことが記されています。この理論の名前は神尾の提案ですが，生物にあるなわばりを人間に当てはめて考えたことに意義があります。この節では，神尾（1990）における『情報のなわ

張り理論』の簡単な紹介と，神尾（2002）において『続・情報のな
わ張り理論』として改訂された考え方について少し詳しく述べてい
きます。

神尾（1990: 22）において情報のなわばり理論の論理的可能性が
提唱されます。

(1)

		話し手のなわ張り	
		内	外
聞き手の なわ張り	外	A	D
	内	B	C

(1) の A，B，C，D の四つの可能性の表現を挙げると次のよう
になります。

(2) A： 昨日は動物園に行ってきました。

[話し手（内），聞き手（外）]

B： いい天気ですねえ。 [話し手（内），聞き手（内）]

C： お姉さん，結婚したそうだね。

[話し手（外）。聞き手（内）]

D： 明日も暑いらしいよ。 [話し手（外），聞き手（外）]

(2) で（内）は表現が話し手・聞き手に近い情報という意味で，
（外）は表現が話し手・聞き手から遠い情報という意味で使用され
ています。神尾（1990: 32）は (2) の文末の語形（「ね」があるかどう
か）と直接体験か間接体験かにより直接形と間接形に分けて，(3)
のようにまとめます。また，神尾（1990: 33）は話し手に近い情報
というのは (4) のような条件下で働くと考えています（話し手を聞
き手に置き換えると聞き手に近い情報となることも説明されています）。

第 9 章　語用論　　149

(3)

| | | 話し手のなわ張り | |
		内	外
聞き手のなわ張り	外	A 直接形	D 間接形
	内	B 直接ね形	C 間接ね形

(4) a.　話し手自身が直接体験によって得た情報

　　 b.　話し手自身の過去の生活史や所有物についての個人的事実を表す情報

　　 c.　話し手自身の確定している行動予定および計画などについての情報

　　 d.　話し手自身の近親者またはごく身近な人物についての重要な個人的事実を表す情報

　　 e.　話し手自身の近親者またはごく身近な人物の確定している重要な行動予定，計画などについての情報

　　 f.　話し手自身の職業的あるいは専門領域における基本的情報

　　 g.　話し手自身が深い地理的関係を持つ場所についての情報

　　 h.　その他，話し手自身に何らかの深い関わりを持つ情報

　具体的な (2) の検討はここではしないでおきますが，(1) (3) に見られるように，わかりやすい形で整理され，情報のなわ張りが (4) の条件下で表現形式に現れてくるという考え方はこれまで語用論の分野にはなかったように思われます。神尾 (2002) は，さらに神尾 (1990) を発展させ，視覚的に情報量の違いが捉えられるだけではなく，9.2 節の視点や 9.4 節の練習問題 2 で述べる Grice (1975) の会話の格率のことなど，関連領域について「情報のなわ張り理論」がどのように関わるかについて踏み込んで議論しています。本節では，情報のなわ張りが一次元的に捉えられることを用例に従い，いくつか紹介します。

神尾 (2002: 16) において，話し手と聞き手の情報量を一般化し明示した (5) の尺度表を挙げます。

(5)

(5) で S は話し手，H は聞き手です。表中の 1 は話し手・聞き手が 100％知っている情報を表し，0 は 100％知らない情報です。n は情報の確信度の限界を表し，n より左側の領域は話し手・聞き手の情報が内にあることを，右側の領域は話し手・聞き手の情報が外にあることを示しています。たとえば，具体的に (5) がどのように働くのか見てみましょう。

(6) a. あの人は病気だ。
　　b. あの人は病気なんだよね。
　　c. あの人は病気らしい。

神尾の説明によると，(6a) は (7a) の，(6b) は (7b) の，(6c) は (7c) の尺度表で捉えられます。

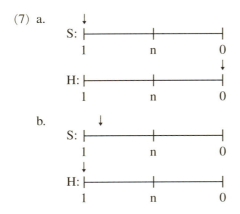

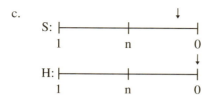

　(6a) の「あの人は病気だ」という場合，(7a) は 100％話し手がその情報を知っていて，聞き手は 100％その情報を知らないことを表します。神尾によると，聞き手が少しその情報を知っている場合は，(7a) の聞き手の矢印（↓）がn寄りに移動します。

　(6b) の「あの人は病気なんだよね」という場合，(7b) は話し手が 100％その情報を知っているのではなく，たとえば 7〜8 割方の情報で，聞き手は 100％その情報を知っていることを表します（7〜8 割方は著者が表を読みとったもので神尾の言葉ではありません）。

　(6c) の「あの人は病気らしい」という場合，(7c) は話し手が 3〜4 割方の情報で，聞き手は全く知らないか，3〜4 割方の情報を知っていることを表します（3〜4 割方は著者が表を読みとったもので神尾の言葉ではありません）。

　おそらく，別の可能性も出てくるのではないかと思います。たとえば，(6c) の表現を「明日は天気らしい」と換えると，天気予報を見ながら得た話し手の情報だとすれば，間接体験ではありますが，かなり情報の確信度が上がり，nより左側に矢印が移動するのではないかと考えられます。しかし，「情報のなわ張り理論」は確信度という心の状態を視覚的に捉えることができ，状況把握が可能になるので説得力がある理論だと考えられます。

練習問題

1. 次の表現は，本文 (1) の論理的可能性 A，B，C，D のどれになるか答えなさい。
　a. 私は，お腹が痛い。

b. 君は英語がずいぶん達者だね。

c. 君は退屈そうだね。

d. 私は参加出ません（ね）。

2. 次の表現を，（5）の尺度表を使って，説明しなさい。

a. ネコがえさを食べているね。

b. 田中さんは来ないだろう。

c. ロンドンの冬は寒いらしいね。

d. このお皿はキズがあるみたい。

9.4. 発話行為

Keywords: 直接・間接発話行為，発語行為，発語内行為，発語媒介行為，
命題

　文が実際の場面において口頭で話されると発話（utterance）になります。Austin（1962）は発話それ自体がある行為を引き起こす遂行的な働きがあるので発話行為（speech act）と呼びます。発話行為には（1a）の直接発話行為（direct speech act）と（1b）の間接発話行為（indirect speech act）があります。

（1）a. Open the window, please.（窓を開けてください）

　　b. It is hot in this room.（この部屋は暑いです）

　直接発話行為は，（1a）のように「窓を開けてください」と直接的に依頼するような発話行為です。一方，間接発話行為は，（1b）のように「この部屋は暑いです」と言うことにより，聞き手に「窓を開けてもいいですか」の申し出や，「窓を開けて下さい」の依頼を間接的に伝えるような発話行為です。このように，発話は文字通りの意味をもつ発話と，文字通りの意味をもたない発話があります。スムーズに会話を成立させるためには，話し手は聞き手に対して，聞き手は話し手に対して適切なお互いの状況を確認し，相手が

意図することを推論する必要があります。

Austin (1962) は発話行為を (2) の 3 種類に分けて考えています。

(2) a. 発語行為 (locutionary act)
    b. 発語内行為 (illocutionary act)
    c. 発語媒介行為 (perlocutionary act)

たとえば, I'll come to your office at 3 o'clock. と言えば,「3時にあなたのオフィスに行きます」と文字通りの解釈で単語の意味を理解すると,「発語行為」を行ったことになります。この文を, I promise (you) that I'll come to your office at 3 o'clock. の意味で考えれば,「3 時にあなたのオフィスに行くと約束をします」と,「約束」の発語内行為を行ったことになります。また, I'll come to your office at 3 o'clock. ということにより, 聞き手を「安心させる」という結果に至ると, 発語媒介行為を行ったことになります。

Austin (1962) は (2b) の発語内行為を支える陳述, 命令, 約束, 宣言, 警告などの動詞 (e.g. apologize, order, promise, pronounce, warn, etc.) を遂行動詞 (performative verbs) と呼んでいます。遂行動詞を含む遂行文 (performative sentences) には次のような特徴があると一般に言われています。

(3) a. 主語は 1 人称の単数形の I である。
    b. 間接目的語がある場合は 2 人称の you である。
    c. 動詞の時制は現在形である。
    d. 文は肯定文で, 能動形である。
    e. 副詞の hereby を入れて遂行文にする。

たとえば, I hereby name this ship the Queen Elizabeth. (これによりこの船をクイーンエリザベスと命名する)。しかし, 山梨 (1986: 36) によれば,「副詞, hereby は, 儀式的, 形式的な遂行表現を特徴づけるのには適しているが, 非公式で口語的な遂行表現には適していない」と指摘し, ?I hereby bid you farewell. のような不自然

になる例があるので，（3e）は遂行文を認定する際の一応の目安として役立つものにすぎないと捉えています。

　（3）の各基準は，（4）が示すように違反すると遂行文にならないことの確認はできますが，（2a, c）の発語行為，発語媒介行為と（2b）の発語内行為との間にどのような関係があるのかを見極めておくことは大切です（？の判断は，遂行文としての資格がないということで，非文ということではありません。come と go の違いは9.2節を参照）。

(4) a. ?John promises that he'll go to your office at 3 o'clock.

　　b. ?I promise him that I'll go to his office at 3 o'clock.

　　c. ?I promised you that I'd come to your office at 3 o'clock.

　　d. ?You are promised by me that I'll come to your office at 3 o'clock.

（5a, b）として，発語行為の文と遂行文を比較すると，発語行為の（5a）の文は，「3時に私はあなたのオフィスに行く約束をした」という意味ですが，後ほど言語外の情報に基づいて，行ったかどうかの事実確認ができるのに対して，（5b）の遂行文は「約束」をしますが，「3時に私があなたのオフィスに行ったかどうかの確認はできない」という違いがあります。つまり，（5a）の発語行為の文は真偽の判断ができますが（5b）の遂行文は真偽の判断ができないと言えます。

(5) a. 　I promised to come to your office at 3 o'clock.

　　b. 　I promise to come to your office at 3 o'clock.

　真偽の判断ができる肯定文は命題（proposition）と呼ばれ，疑問文や命令文は真偽の判断ができないので命題と呼ばれません。

(6) a. 　Can you speak French?

　　b. 　Open the door.

第9章　語用論　　155

　(6) の文も Ross（1970）の遂行分析を行うことによって，(7)
のように遂行節に書き直すことは可能です。

(7) a.　I ask you whether you can speak English.
　　b.　I tell/order you to open the door.

　最後に，遂行文と (2c) の発語媒介行為の文の違いに言及します。
山梨（1986: 30）によれば，発語媒介行為とは発語内行為を介して
生じる効力のことで，hereby の副詞が生じるかどうかにより (8)
のように両者の動詞が区別されています。(8a) の発語内行為の動
詞は hereby の副詞が生じますが，(8b) の発語媒介行為の動詞は
それが生じません。

(8) a.　発語内行為： ask, order, promise, propose, request,
　　　　　　　　　　state, suggest, tell, etc.
　　b.　発語媒介行為： alarm, convince, encourage, embarrass,
　　　　　　　　　　　 impress, intimidate, mislead, persuade,
　　　　　　　　　　　 etc.

　実際に，?I hereby relieve you that I'll come to your office at 3
o'clock. と言えないことから聞き手を「安心させる」行為は発語媒
介行為を行っていることになります。

練習問題
1.　次の各文はどのような発語内行為を行っているか答えなさい
（Peccei（1999: 43））。

a.　There's a spider in your hair.
b.　Someone's eaten all the ice-cream.
c.　I've got a gun.
d.　You're an idiot.
e.　I need the salt.

156

2. Grice（1975）の会話の格率（the maxim of conversation）に
従って，具体的に会話の違反するシナリオを自由に考えなさい。

  a.　量の格率（the maxim of quantity）

  b.　質の格率（the maxim of quality）

  c.　関係の格率（the maxim of relation）

  d.　様態の格率（th maxim of manner）

第 10 章　英語教育と英語学習

　この章では，英語教育には構造の理解と生成文法の知識が重要であることを示します。10.1 節では，大学生が英語の授業でどのような間違いをするかを指摘し，構造を理解することが大切であることを論じます。10.2 節では，単文・重文・複文の構造は樹形図で捉えると理解しやすいことを述べます。10.3 節では，be 動詞をどのように中学生が理解しているかの報告をし，その問題点を指摘します。10.4 節では，be 動詞の理解を生成文法ではどのように指導できるかについて言及します。

10.1.　英語教育に必要な構造の理解

Keywords: 発音指導，読解力を構造から，although の訳，due to/because of＋NP の用法

　英語を中学から高等学校まで 6 年間勉強しても，英語がよくわからない人や英語嫌いの人が近年多くなってきているような気がします。最近では，小学校に英語が導入され，さらに長期間にわたって英語を習ってきているわけですが，この傾向は今後増えていくのではないかと懸念しています。本節では，どのような英語の間違いが最近の大学生に多く見られるか，音読，読解，作文の観点から指

摘したいと思います。また，文の音読，読解，作文には構造の理解が必要であることを主張します。

　まず，音読に関して，個々の単語を適切に発音できない人が増えています。たとえば，work を walk の発音でしたり，think を sink の発音でしたりする人がいます。母音の場合は単語をローマ字読みする傾向があり，子音の場合は正しい発音記号の知識がないため日本語の子音に当てはめて読む傾向があります。高等学校までに発音の指導はなされているはずですが，CD やテープを聞かせてまねをさせるか，先生のあとに続いて発音させるに留まり，多くの学校では発音記号の指導はなされていないのが現状のようです。上に示した単語の例で言うと /ə:/ と /ɔ:/ の母音と /θ/ と /s/ の子音の発音の仕方や発音の違いを発音記号と共に覚えさせる必要があります。また，adjective（形容詞）や adjunct（付加詞）の発音の際に，/d/ の音を入れて読む人が結構多いのが気になります。advance や admit のような d に後続する子音 v, m とは異なり，dj の場合は d が黙字（silent letter）になるというよりも，dj で /dʒ/ と発音されると説明するほうが綴りと音の関連性が理解できてわかりやすいと思います。また，address や addition は dd が重なる場合は，子音重複（gemination）は一般的に避けられるので別個には d を読まないように指導すると把握しやすいです（cf. *in*numerable vs. *un*natural）。

　子音の発音指導法として，有声音（voiced sound）と無声音（voiceless sound）の対応で調音点が等しくなることを確認しながら両者の対立子音を発音させる練習は両音の差異を把握するのに効果的です（練習問題 1 を参照）。

(1)　有声音　　　　　　　　　　　無声音
　　 /b/:　bench, bet, bumper　　/p/:　punch, pet, pumper
　　 /d/:　dish, dog, dry　　　　 /t/:　tissue, tog, try

さて，単語の一つ一つの正しい発音は大切ですが，文の中で音読

する場合には単語の発音と同時に文の構造や意味を理解しながら単語のまとまりを知って発音することが必要になります。たとえば，次のような文を音読させる場合に個々の単語を正しく読むことに集中して全体的な意味のまとまりや構造を考えないで，読んでいく人が多いので困ります。

(2) The only thing that would not follow a perfect mirror image would be the location of the subject.（完全な鏡像関係に従わない唯一のものは主語の位置になるであろう）

(野村ほか (2009: 85))

(2) の文における主要なポーズ（休止）を置く箇所は関係節の that の前と，主節述語の would be の前にあります。構造で捉えるとどこにポーズが来るかが一目で理解できてわかりやすいです。

(3)
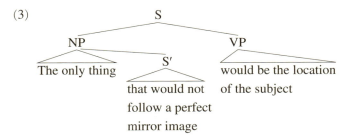

たとえば，would の後ろにポーズを置く人は構造や意味を捉えていない読み方をしていることになります。したがって，文の音読にはまず構造関係や意味のまとまりを理解した上で，全文を読ませる方法が効果的です。

> 文の音読は主部や述部や修飾語の構造関係，それらの意味のまとまりを理解させた上で実践させるのが，ただ読ませるより効果的である。

160

次に，読解させるときによく遭遇する従位接続詞の although や though が間違って訳されている例を紹介します。その間違いはなぜ生じるか，どのようにすれば間違いなく使えるようになるかについて検討します。

(4) I don't think the meeting went very well, although she never tells me any details. (*僕はその会議がうまくいったと思わなかったけれども，彼女は詳細を僕には話さない)

(Miles (2009: 108))

(4) の例の誤訳として，although は前文との関係で訳していますが（すなわち，「思わなかったけれども，」），後半の文の中で関係づけるのが正しい解釈です（すなわち，「決して彼女は僕には詳細を話さないけれど，」）。このような間違いは although を「～だけれども」とただ単に単語レベルで理解することによって，文中での構造的な働きが理解できていないことから生じてきます。また，単語を左から右へ訳していくということだけに集中し，全体の意味を捉えていないことにも原因があるでしょう。左から右へ訳す傾向があるのは次の名詞句の解釈にも言えます。

(5) Personal computers have changed the world of education. (*パソコンは世界の教育を変えてきた)

ここでは「世界の教育」ではなくて「教育の世界」と訳さなくてはなりません。A of B の解釈が「A の B」ではなくて「B の A」であることを構造的に理解させる必要があります（cf. a number of students, a lot of information)。

although, though のような従位接続詞 (subordinating conjunctions, SC) は (6) のように 2 通りの構造が可能で，カンマの使い方として (6a) のように従属節が先に来る場合はカンマが poor のあとに義務的に必要となり，(6b) のようにあとに来る場合も普通は although の前のカンマは必要です。when の従属節があとに来

る (7a) の場合は when の前のカンマは省略します。(7b) のようにどちらでもよい場合もあり (e.g. because)，(7c) のように省略できない場合 (e.g. whereas) もあります。従位接続詞ごとにカンマが必要かどうかを COCA (Corpus of Contemporary American English) などのコーパスで調べて確認しておくとよいでしょう。

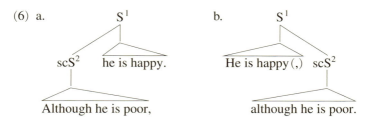

(7) a. The party already began when I came.
  b. I want to stay here(,) because I don't want to lose my friends.
  c. I am an early riser, whereas my wife is a late riser.

最後に，作文においてよく見られる間違ったケースを紹介します。

(8) a. *Due to there is a decrease in sunlight in winter, Seasonal Affective Disorder, SAD, affects people in many parts of the world.
  b. *Vitamin D is important because of Vitamin D has a role in bone development.

(Oshima and Hogue (2014: 165))

いずれも due to, because of が前置詞句となり，(8a, b) のような文ではなくて NP（名詞句）を後続させなくてはなりません (i.e. Due to a decrease in sunlight in winter, Seasonal Affective Disorder, SAD, affects people in many parts of the world. Vitamin D is important because of its role in bone development.)。in addition to, in spite of, in case of にも同じ注意が必要です。ほかに，in case of は NP が後続し，in case (that) は文が後続します。in spite (that) + 文の表現はできないことにも注意を向ける必要があります。

(9) a. In case of the earthquake, turn off the gas.
  b. In case I miss the train, don't wait to start.
  c. *In spite that this system is incompatible with most computers, it has a lot of merits.
  c'. In spite of the fact that this system is incompatible with most computers, it has a lot of merits.

although の読解の例も，due to や because of の作文の例も単語の意味を知っているだけでは実際の文が正しく訳せない，書けないという問題が生じることを指摘しました。これらの用法を正しく理解させるには although のような従位接続詞は複文を構成する単位であることを (6) の樹形図を通して教え，because of は because と異なり，of の前置詞が含まれるので後に NP しか来ないことを (10) の樹形図を通して構造的な違いを教える必要があるでしょう。

(10) a.

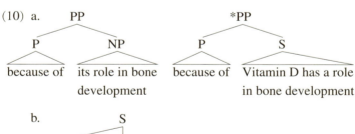

b.

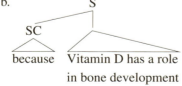

第 10 章　英語教育と英語学習　163

練習問題

1. 次の有声音と無声音が対立する単語を発音しなさい（用例は，高橋・福田（2001: 100））。

有声音 | 無声音

a. /b/: best, bus, club　　　/p/: pet, put, top

b. /d/: desk, dish, hand　　/t/: test, toss, hat

c. /g/: get, god, dog　　　/k/: kick, kiss, stock

d. /v/: very, vest, slave　　/f/: fish, fold, staff

e. /ə/: this, bathe, with　　/θ/: thank, thin, mouth

f. /z/: zebra, zip, buzz　　 /s/: send, sin, mass

g. /ʒ/: leisure, mirage　　　/ʃ/: sure, shoot, passion

2. 次の文における前置詞句の誤りを訂正しなさい。

a. *As a result of I was seriously ill, I became deaf.

b. *The game was canceled because of it rained heavily yesterday.

c. *In case of there is an earthquake, turn off the gas at the main.

3. 次の英語を読む際にどこにポーズを入れるか考え，日本語に直しなさい。

Clearly, these weren't the Amazons of ancient Greek stories, although the find suggests that there may be truth in the stories of warrior women in ancient times. 　　　　　(Miles (2009: 116))

10.2.　単文，重文，複文の理解

Keywords: 節とは何か，等位接続詞と従位接続詞の違い，単文・重文・複文の構造

　大学の 1 回生に単文（simple sentence）・重文（compound sentence）・複文（complex sentence）の違いを説明してもらうテスト

を何度か行ったことがあります。驚いたことは，約50名のうち，完全に三つの構文の意味を理解している人が意外に少なかったことです。確かに，高等学校の教科書をいくつか読んでみても，巻末に「文法のまとめ」として5文型の説明を載せている教科書は多いのですが，単文・重文・複文の構造上の違いを説明しているものはほとんどありません。重文や複文は5文型（単文の分析）よりも大きな単位を担う構造であり，また中学校や高等学校の教科書の中に頻繁に出てくる構造です。したがって，5文型の細かい分析よりも文と文の間における意味の流れや，つなぎ語（e.g. also, however, therefore）との関連性をもっている重文や複文の構造を理解させておくことは Reading や Writing においてかなり役立つものと思われます。そこで次のような見方が可能ではないかと考えられます。

5文型の分析は文の内部構造を分析できるが，文と文の関係は見えない。単文，重文，複文の構造分析は文と文のつながりが見えて，構造を全体的に把握することができる。

文の構造（単文・重文・複文）を捉える際に，英語学習者が理解しておくべきことは次の3点です。

(1) a. 節とは何か。
b. 等位接続詞と従位接続詞の違いとは。
c. 単文，重文，複文の構造はどのように違うか。

以下，(1) のそれぞれの項目について解説します。

(1a) の節の概念は，文の基本単位である S + V が含まれていることですから，杉山（1998: 627）『英文法詳解』における単文は節を含まない文という説明は問題です。*Oxford Advanced Learner's Dictionary* (2005) の定義を見ても節 (clause) は "a group of words that includes a subject and a verb, and forms a sentence or part of a sentence" ということで（下線部は筆者が追加したもの），S + V

第 10 章　英語教育と英語学習　　165

で文を形成することがわかります。単文は S + V の関係が一つ含まれている文のことを指し，それ自体が〈主語 + 述語〉の形をもっているので節（clause）と呼ばれます。基本的には節は単独の文です。ただし，注意しないといけないことは S + V の動詞が時制をもっているという点です。なぜなら，(2) の文を見てみると (2b) は (2a) と同じような意味関係をもち (2b) は (2a) と同じ S + V の関係が二つ生じているのではないかと疑問をもつ学習者がいるからです。

(2)　a.　I expect that she will succeed.
　　　b.　I expect her to succeed.

確かに，生成文法では (2b) の下線部を不定詞節と呼んで分析し，*that she will succeed と *her to succeed が単独では文として成立しないので主節に埋め込まれた従属節として (2a) と (2b) を並行して捉えることができます。これは記述的にメリットですが，学校文法の中に生成文法の説明を応用するとなるとかなり教える側の難しい面があります。したがって，単文の概念としては不定詞節のような非時制文（または，非定形節）(nonfinite clause) は，S + V の意味的関係があっても時制を含まないので文として捉えず，(2a) は複文で (2b) は単文として捉えるほうが英語学習者には受け入れやすいと考えます。したがって，(2a) の「節とは何か」の回答は (3) として説明を補っておきます。

(3)　文の基本単位である S + V を一つ含む時制文

(1b) の問いかけは等位接続詞と従位接続詞の 2 種類が (1c) の単文・重文・複文の構造とどのように関係しているかが説明のポイントになるので，(1b) と (1c) を併せて検討します。

　単文は (4a) のように等位接続詞や従位接続詞をもたない単独の文ですから，等位節（等位接続詞を用い，文法上対等の関係にある (4b) の文）や従属節（従位接続詞を用い，主節に従属する (4c) の文）とは異

166

なります。

(4) a. He is poor.
    b. He is poor, but he is happy.
    c. Although he is poor, he is happy.

　上記の杉山（1998: 627）の単文の説明で，「節を含まない文」を「等位節や従属節を含まない文」と考えるならつじつまが合います。しかし，その場合でも（4b）において等位節（i.e. He is poor. He is happy.）自体がそれぞれ単文になるので，重文とどう違うかが見分けにくいです。学習者の中には（4b）の文は単独の文が二つあるので，複数個あると考え，これを複文と間違っている人も見受けられます。したがって，重文と複文の構造上の違いを最初に学習者に明確に伝える必要があるでしょう。

　重文とは，等位接続詞（e.g. and, but, or, so など）で単文と単文を二つ以上つなぎ，意味的には対等の関係を維持しながら（すなわち，主節と従属節のような主・従の関係がないこと），それぞれが独立した文法上の単位を形成している点が重要です。一方，複文は従位接続詞（e.g. although, if, when, as など）で従属節を形成し，文法的にも意味的にも重文とは異なり独立した文法上の単位にはならず（すなわち，独立した文（*Although he is poor,）にならないこと），主節（he is happy.）に依存する意味的関係になる点が重要です。

　すなわち，重文は二つ以上の節が等位接続詞によって，対等の関係で結ばれているものであり，複文は〈主語＋述語動詞〉の形の節が二つ以上あって，そのうちの一つが意味上，主要な節で，ほかの節がそれに従属するような構造です。しかし，言葉ではわかりにくいところなので，重文は主・従の関係をもたないが，複文は主・従の関係にあることを視覚的に樹形図で次に示します。

　さて，文（単文・重文・複文）の構造を視覚的に捉える方法として，生成文法初期の標準理論で用いられた樹形図を活用してみましょう（第5章と第6章の樹形図を参照）。文（S）は名詞句（NP）と動詞句（VP）

から成り，この構造化を導く S → NP + VP のような書き換え規則（6.1 節の (4) の PS rule のこと）があります。しかし，ここでは句構造規則の詳細には触れないで文は (5) のような単純な構造をもつと仮定してみましょう。

(5)

三角形（△）は文の構成素を示す NP + VP（すなわち，主部 + 述部のこと）を省略して用い，省略しなければ (6) のような構造になります。

(6)

(6) における NP の構成素として The birds を，VP の構成素として fly in the sky を仮定するなら，(7) のようになります。

(7)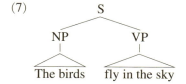

ここでの三角形は NP → (Det) N や VP → V (NP) (PP) の書き換え規則を省略したものを示します。厳密に，構造化すると The birds fly in the sky. は (8) のようになります。

(8)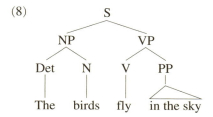

(7) と同様に (8) における三角形は PP → P + NP の書き換え規則を省略したものを示します。したがって，最終的には (5) の三角形は (9) のような複雑な構造を短縮化したものです。

(9)
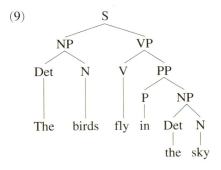

　句構造の書き換え規則は，どのように語と語が結び付いて句を形成していくかを視覚的に捉えることができる規則です。書き慣れれば自分で文の構造を樹形図として頭に描くことができます。英語学習者が文の構造を本格的に理解するには句構造規則（個別文法）の知識が必要です。さらには言語習得過程や他言語の構造も踏まえた X-bar 構造（普遍文法）の知識が必要です。しかし，中学生や高校生にもわかるように単文の基本的な構造を理解させるには (9) のような内部構造の詳細は必要ではなく，(5) の樹形図で十分にその意味合いを示すことができます。また，重文の構造は (10) で，複文の構造は (11) として描くと，主・従の関係が目で見てわかり，英語学習者は等位接続詞 (coordinate conjunction: cc) の働きや従位接続詞 (subordinate conjunction: sc) の働きが文の構造体の中で理解できます。樹形図は三角形なので人間の記憶に定着するという心理学者もおります。

第 10 章　英語教育と英語学習　　169

(10)
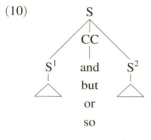

(11) a.　　　　　　　　　　　　　　b.
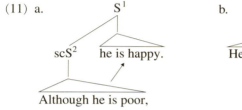
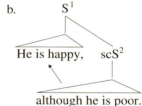

　すなわち，(10) では天秤のように S^1 と S^2 の単文が釣り合った状態を示すので主・従の関係がなく，S^1 と S^2 の単文は意味的にも対等の関係をもちます。単に，等位接続詞が S^1 と S^2 の意味的関係を担う重文構造を形成します。一方，(11a, b) では従属節 (scS^2) が前に来るか後ろに来るかの違いはありますが，→の方向が示すように主節の S^1 に従属節が依存していくのが視覚的に捉えられます。Quirk et al. (1972) で従属節のことが依存節 (dependent clause) と呼ばれるのは，関係節 (e.g. *I know the man* who sits on the bench.) や名詞節 (e.g. *She says* that he is a spy. That he is a spy *is unbelievable*. → *It is unbelievable* that he is a spy.) を導く構造も同じように主節 (イタリック) に従属節 (下線部) が依存する主・従の関係が見られるからです。

練習問題

1. 次の各文を単文，重文，複文に分けなさい。また，等位接続詞と従位接続詞に下線を引きなさい。

   a. They are hoping to finish as early as tomorrow.

   b. We took shelter under the nearby building when it began to rain.

   c. He is very young but a quick learner.

2. 次の各文の簡略な樹形図を描き，単文・重文・複文の内部構造を確認しなさい。

   a. My wife was hungry, although I was tired after walking.
      ［本節の (11b) を参考に］

   b. Tom is a good teacher and his students really like him.
      ［本節の (10) を参考に］

   c. Mary complained about it. ［本節の (7) を参考に］

10.3. 中学校における be 動詞の教え方

Keywords: be 動詞の位置，Thisis 期，HN 直後期，上がり状態

　SLA が研究される背景には日本語教育の発展が見られます。日本語を第二言語として学ぶ留学生の数が増えることによって，日本語をどのように教えるかが日本語教師にとって重要です。日本語母語話者にとって，日本語は不自由なく使えるので助詞の「は」と「が」の違いはどうして出てくるのとか，wh 句の移動は英語と違ってなぜ日本語には必ずしも生じなくてもいいのとか，主語と動詞は wh 移動の際になぜ順序が入れ替わるのとか尋ねられると(e.g. 昔々，御爺さんと御婆さんが（?は）小さな村に住んでいました。何が（*は）その村で起こったの。Where did he buy the book? cf. *He bought the book where? vs. 彼はその本をどこで買ったの。cf. どこで彼はその本を買ったの。）返事に困ります。私たちは母語の直観に頼って文が文法的に

正しいかどうかは判断できますが，なぜそうなるのかという文法知識を持ち合わせていないのですぐには答えられません。しかし，第二言語習得者は母語との違いを認識したいがために当然そのような質問をしてくるでしょう。言語学的な応用が活かされるのはこのような単純な疑問に対して答えられるという点にあります。私たち日本語の母語話者は第二言語の英語を習得する際に，上記の日本語と英語の違いがなぜ生じてくるかをあまり気にしないで英語を覚えますが，その理由を知っておくことは他の表現への応用につながります。また，日英語の違いを知っておくことは，英語だけではなく日本語の理解にもつながり大切なことです。したがって，第二言語の学習者も教授者も日英語比較を通して言語を学び，両言語の構造や意味の違いを理解しておくことが重要です。

　英語学は音韻，統語，意味，言語習得の観点から英語母語話者の直観がどのように働いているかを記述するのが目的の一つであり，文法を単に形式的に説明する学校文法とは異なっています。たとえば，そのことを具体的に示すために金谷ほか（2015）での取り組みに対して英語学ではどのような示唆を与えることができるかを示してみましょう。

　中学生に be 動詞を教える際に，be 動詞をどこに入れると文を形成できるか主語の NP（名詞句）の把握の実態調査が金谷ほか（2015）で示されています。10 年間にわたるこのプロジェクトは「どう教えるか」の前に生徒が「どのように英語を習得しているか」を知っておくことが教員の教えることに真の意味で繋がるという画期的な試みです。具体的には（1）のような文の中で（is）をどこに入れるかを問うのです。

(1) a.　This・beautiful・picture・very・nice. (is)
　　 b.　Which・red・pen・on・the table? (is)
　　 c.　A nice・watch・for・Sam・on・the table. (is)

生徒は初期に覚えた表現が妨げになり，正しい位置に is を挿入で

きません。

　金谷ほか（2015: 68）によると中学 3 年間の習得状態として主語
NP を理解させる次の 3 段階があることを調査の結果としてまとめ
ています。

1　This is 期

　行為：　This is 〜 といった，前の単語と感覚的につながる
　場所に be 動詞を挿入する。

　思考：　前から単語を読んでいき，「聞いたことがある」と
　いうつながりができるとすぐに解答をする。挿入した be
　動詞と，その後ろの単語が文法的につながるかどうかは考
　慮していない。センテンス全体を最後まで見たり，その構
　造を気にしてはいない。

　1）This ・ beautiful ・ picture ・ very ・ nice. (is)
　　　　　3 名　　　　0 名　　　8 名　　0 名
　2）Which ・ red ・ pen ・ on ・ the table? (is)
　　　　　6 名　0 名　5 名　0 名

　時期：　中 2 の前半頃まで続く。

2　HN 直後期

　行為：　最初に出てきた名詞（本調査の場合は主要部名詞：HN）
　の直後に be 動詞を挿入する。

　思考：　限定詞や形容詞が名詞にかかる（前置修飾する）とい
　うことはわかってきて，主語にあたる名詞は何か探せるよ
　うになってきた。しかし，後置修飾の理解が不十分で，該
　当する名詞（HN）が見つかると，すぐに本動詞を挿入して
　しまう。挿入した be 動詞の次の単語は前置詞か to 不定
　詞になっているのだが，それらの単語とのつながりを気に
　しているかは，ここではわからない。しかし，少なくとも
　センテンス全体を最後まで見たり，その構造を気にしては
　いない。

第 10 章　英語教育と英語学習　　173

　　3) A nice ・ watch ・ for ・ Sam ・ on ・ the table. (is)
　　　　　0 名　　　6 名　　0 名　　　5 名　　0 名
　　時期：　中 2 の後半頃から中 3 の前半頃まで。

　③　上がり状態
　　行為：　正しい位置に be 動詞を挿入することができる。
　　思考：　英語には名詞を前から修飾する場合と，後から修飾
　　　　する場合があるのだと理解する。そのため，名詞句のかた
　　　　まりがどこまで続くのかを考えながら，センテンスを処理
　　　　するようになっている。
　　3) A beautiful ・ woman ・ from ・ China ・ in ・ that car
　　　　　　　0 名　　　2 名　　0 名　　　11 名 0 名
　　時期：　中 3 の半ば。

　この結果はできる生徒だけではなく，できない生徒まで含めて一
般的に見られる傾向であると彼らは主張します。文法を指導するだ
けではなくどのように生徒が理解し，定着するかという過程がよく
わかります。しかし，彼らの調査結果 (p. 91) から比較的単純な構
造であっても中学 3 年間を通してきちんと名詞句が習得できる生
徒が半分程度に留まるというのは母語話者の名詞句の理解と比べる
と非常に悲しい現実です。名詞句のまとまりが把握できない理由と
して彼らは (p. 107) は「名詞句が長いから」「名詞句が Which で始
まるから」「文の補部が前置詞句だから」を挙げています。
　母語話者の言語習得の観点から主語 NP の理解を述べてみましょ
う。Crain and Nakayama (1987) によると，3 歳から 5 歳の子供
はほぼ 100%，(2a) の平常文を (2c) の Yes/No 疑問文に変えるこ
とができると言われています。(2b) の文を誤って作らないという
ことは，子供は教えられなくても主語 NP のまとまりの理解をす
るということです。しかも，関係代名詞が入った複雑な構造を理解
します。

174

(2) a. The boys who can dance will sing.
    b. *Can the boys who dance will sing?
    c. Will the boys who can dance sing?

次節では，be 動詞の挿入に関して，主語 NP の理解と，be 動詞以外の助動詞と主語 NP の関係を生徒にわかりやすく教える方法として生成文法の考え方を応用します。

練習問題

1. 次の文の主語 NP（ただし，従属節の中の主語も含む）に下線を入れて示しなさい。

a. So far I have been talking about mirror images where we have the exact reverse where we have just two things.

b. Look for the subject at the beginning of the sentence if it is there, then go to the end of the sentence and translate from the end to the beginning.

c. It is interesting that when you teach English, you do not have to teach word order for this kind of sentence.

d. This means that there is something about human nature or the human mind that makes mirror images work quite well.

2. 次の英語は，なぜ主語 wh 句を日本語に直すと，「〜は」と訳せないのか考えなさい。

a. What happened in your house yesterday?

b. Who came here to take the magazine?

10.4. be 動詞理解のための主語 NP と助動詞における生成文法の応用

Keywords: 助動詞（be・have・may）における Yes/No 疑問文と否定文の関係，主語 NP の捉え方

　助動詞（Auxiliary）について生成文法では学校文法と異なる捉え方をします。

(1) a. John is reading the book of linguistics written by Chomsky.

　　b. John has read the book of linguistics written by Chomsky.

　　c. John may read the book of linguistics written by Chomsky.

　(1) の三つの例文は，学校文法では (1c) の may を本動詞の意味を補う補助動詞として捉え，may を助動詞だと考えます。そして，(1a) の is は進行形の be 動詞で，(1b) の has は完了形の have であると指導します。have を助動詞だとは教えません。しかし，生成文法では (1) の is, has, may のいずれも助動詞として捉えます。その根拠はいずれも疑問文にしたり，否定文にしたりすると主語 NP の前に助動詞が移動したり，助動詞のあとに not を入れることによって疑問文や否定文が作られるという (2) (3) の下線部に見られる助動詞としての共通性があるからです（6.2 節を参照）。

(2) a. <u>Is</u> John reading the book of linguistics written by Chomsky?

　　b. <u>Has</u> John read the book of linguistics written by Chomsky?

　　c. <u>May</u> John read the book of linguistics written by Chomsky?

176

(3) a.　John <u>is</u> not reading the book of linguistics written by Chomsky.

　　b.　John <u>has</u> not read the book of linguistics written by Chomsky.

　　c.　John <u>may</u> not read the book of linguistics written by Chomsky.

Chomsky（1965）は上の事実を捉えるために，Auxiliary → Tense（Modal）(have-en)（be-ing）の書き換え規則を導入しました。助動詞の中で左端にある義務的な要素は Tense（時制）ですが，その後の助動詞は Modal（法助動詞），have-en（完了相の have），be-ing（進行相の be）の順序を遵守しながら後続し，括弧に入れて任意的な要素として，時制と区別しています（-en や -ing はあとに来る助動詞や本動詞に移動する接辞のことで，ここでは詳しくは論じません。Akmajian and Wasow（1975）を参照のこと）。たとえば，時制を過去形にして John might have been reading the book of linguistics written by Chomsky. とすれば，法助動詞，完了形，進行形という助動詞の順番に並べて文が生成されることになります。

そこで主語 NP の見つけ方は次の3通りあることに気づきます。

(4) a.　Yes/No 疑問文にすると主語 NP の左側に時制をもつ助動詞が移動する。

　　b.　否定文にすると not が時制をもつ助動詞に付き，その左側の要素全体が主語 NP である。

　　c.　時制を過去形にすると助動詞が確認でき，その左側の要素全体が主語 NP である（ただし，助動詞がない場合は本動詞が時制をもつ）。

たとえば，前節で取り上げた This beautiful picture is very nice. は（4b）より This beautiful picture is not very nice. であって，*This is not beautiful picture very nice. ではありません。また，

第 10 章　英語教育と英語学習　　177

A beautiful woman from China is in that car. は A beautiful woman from China is not in that car. であって，*A beautiful woman is not from China in that car. ではありません。なぜならそれぞれ後半の文は意味をなさないからです。be 動詞を挿入させるには主語 NP の理解が必要ですが，そのためには文全体を先に提示して（4）のようなテストを施し，文の中で主語 NP を捉える方法を示すのが，否定文や Yes/No 疑問文を併せて理解させることも可能で望ましい教授法と考えます。中学生に試験的に試した金谷ほか（2015）のテストは文全体の構造を見ることなく左側から単語の意味を頼りに be 動詞を入れる部分的な作業でありました。結果として，木を見て森を見ず的なところが生徒たちの解答に現れたものと予測されます。したがって，主語 NP を理解させるには（4）のテストが重要で，be 動詞，have 動詞，法助動詞を同時に示しても，（2）（3）の事実と（5）の事実に照らしていけばどこが主語 NP になるのかをかなり把握しやすくなると考えます。

(5) a. John <u>was</u> not reading the book of linguistics written by Chomsky.

   b. John <u>had</u> not read the book of linguistics written by Chomsky.

   c. John <u>might</u> not read the book of linguistics written by Chomsky.

練習問題

1. 次の文に本文の（4）のテストを行い，主語 NP を指摘しなさい。ただし，主節主語の NP を考えること。

a. The student who went to the job interview yesterday will pass the exam.

b. What Tom said has been denied in the meeting.

c. That the earth is round can be observed by the manmade

satellite.

2. 次の下線部 have の訳し方に注意して，(4a) の SAI（6.2 節参照）のテストを行い，助動詞と主語 NP を見つけなさい。

a. What Mary said has me worried.

b. John will have a wonderful holiday in Hawaii next week.

c. Bill had a nice breakfast this morning.

d. Tom has a luxurious car.

3. 次の文において，縮約した be 動詞（'s）は助動詞で，その左側の要素（they say）は主語（He）ではなく挿入節である。(4) のテストにどのような条件を加えれば主語 NP を見つけることができるか考えてみなさい。

He, they say, 's a real bastard.

第 11 章　形態論の応用と展開

　本章では，高橋（2009）の名詞範疇条件と形容詞範疇条件について詳細に解説します。この二つの条件がどのように日英語の派生語・複合語を形成し，どのように派生語・複合語を阻止するかについて解説します。また，語彙化という概念を導入し，その妥当性を示します。11.1 節ではこれらの二つの条件が生まれるきっかけとなった派生語形成の一般化を試み，A か N が，派生語・複合語・転換（＝ゼロ派生）の過程には必然的に含まれるということを提案します。11.2 節では名詞範疇条件（の含意）と形容詞範疇条件（の含意）によって派生語・複合語が形成・阻止されることを具体的に示します。11.3 節では日本語の「〜っぽさ」と英語の -ishness の関係について言及し，11.4 節では，「陰干しする」と「*布団干しする」のサ変動詞の「する」の違いについて説明します。

11.1.　派生語形成の一般化

Keywords: 下位範疇化素性，語に基づく形態論，派生語形成の一般化（AN 条件）

　4.3 節において，派生語は横の並びだけではなく縦の構造が派生語の形成過程において重要であることを述べました。その過程は，

179

基体（base）に接辞を付加する下位範疇化素性によって取り決められますが，実際的には，1）接辞はどのような基体を取り，2）接辞は付加後どのような範疇（＝品詞）に変化するのかが問題になります。1）の問題は，接辞の下位範疇化として辞書の中に指定される内在素性として捉えられます。従来，1）は接辞の個別的な条件として片付けられ，下位範疇化そのものの考察や 2）の問題との関連性については，これまで議論があまりなされていなかったように思われます。

　本節では，派生語形成において，接辞の下位範疇化の枠として指定される語彙範疇と接辞付加後に指定される語彙範疇の間に一般性が見られることを主張します（語彙範疇というのは Aronoff（1976）に従い名詞，形容詞，動詞，副詞のことを指します）。

　Chomsky（1965）で導入された下位範疇化素性は（1）のように動詞や名詞がとる厳密下位範疇化素性ですが，接辞の下位範疇化についてはこの段階では触れられていませんでした。

(1)　like: V, [+ ＿ NP]
　　　boy: N, [+ Det ＿]

おそらく，Chomsky（1970）の語彙論的仮説が主張され，語彙項目の重要性が唱えられてから派生形態論に目が向けられるようになったのでしょう。その後，Halle（1973）によって形態論の自律性が主張され，具体的な派生語形成の提案が Aronoff（1976），Lieber（1980），Williams（1981），Selkirk（1982）等によってなされました。その中でも，Williams（1981）は右側主要部の規則（4.2 節を参照）を提案し，接辞自体に語彙範疇が存在することを示しました。接辞に語彙範疇が指定されると，接辞の下位範疇化の枠として，（1）と平行した（2）のような分析が可能になります。

(2)　-ize: V, [+ {N/A} ＿] e.g. [[atom]$_N$ -ize]$_V$, [[modern]$_A$
　　　-ize]$_V$

第 11 章　形態論の応用と展開　　181

-ment: N, [＋ V ＿] e.g. [[enjoy]$_V$ ment]$_N$, [[involve]$_V$
-ment]$_N$

（1）と（2）の相違は，（1）が文の中で決定されるのに対して，（2）は
派生語の内部構造の中で決定される点です。したがって，派生語の
内部構造をもたない（3）のような単純語は，語のレベルにおいて
は下位範疇化の枠をもっていないと考えられます。

(3)　book: N
　　good: A
　　write: V

　派生語形成における下位範疇化は（2）のような拘束形態素（4.4
節参照）が関与するのですが，（4）のような拘束形態素はそれ自体
で語彙範疇を形成せず，お互いに共通した意味をもたないので，下
位範疇化の枠は指定されないと仮定します。また，（4）の拘束形態
素が語彙範疇を形成しないということは，接辞付加の対象として
-ment や -ism の基体になれないことを意味しています（本節では
Aronoff（1976: 21）の語に基づく形態論（Word-based Morphology）に従
い，garment や baptism のような語は語彙的名詞と仮定します）。

(4)　*gar (garment), *orna (ornament)
　　*bapt (baptism), *strab (strabism)

ただし，接辞の中でも語彙範疇を決定できない un- や counter- の
ような接頭辞は下位範疇化の枠は指定されると仮定します。

(5)　un: [＋ ＿ A]
　　e.g. [un- [lucky]$_A$]$_A$, [un- [personal]$_A$]$_A$
　　counter: [＋ ＿ {N/A/V}]
　　e.g. [counter- [example]$_N$]$_N$, [counter- [intuitive]$_A$]$_A$,
　　　　[counter- [act]$_V$]$_V$

182

　Pesetsky（1985: 202–203）は（5）のような接辞をゼロ（null）範疇と仮定しますが，Williams（1981）の右側主要部の規則が生かされるなら un- や counter- に A の範疇を指定しても派生語全体の範疇は同じ結果を導くことになります。本論では，派生語形成の一般性を捉えるために，語彙範疇を決定できない接頭辞も A や Adv（e.g. *re*play）の範疇を本来もっているものと仮定します。

　高橋（2009: 141–145）の詳細な接辞の下位範疇化のリストに従い，派生語形成に見られる一般性を主張します（具体例のイタリック体の形態素は派生語の主要部を表します）。

(6)　I.　範疇を変化させる接頭辞
　　　　A タイプ：A-N（e.g. *post*-tax），A-V（e.g. *a*blow）
　　　　V タイプ：V-N（e.g. *de*frost），V-A（e.g. *en*large）
　　　　　　　　　cf. *V*-V（e.g. enwrap）
　　　　Adv タイプ：*Adv*-N（e.g. *a*flame），*Adv*-A（e.g. *a*loud）
　　II.　範疇を変化させる接尾辞
　　　　N タイプ：A-*N*（e.g. kind*ness*），V-*N*（e.g. arriv*al*）
　　　　A タイプ：N-*A*（e.g. book*ish*），V-*A*（e.g. desir*able*），
　　　　　　　　　Adv-*A*（e.g. further*most*, on*ward*）
　　　　V タイプ：N-*V*（e.g. height*en*），A-*V*（e.g. modern*ize*）
　　　　Adv タイプ：N-*Adv*（e.g. earth*ward*(s)），A-*Adv*（e.g.
　　　　　　　　　happi*ly*）
　　III.　範疇を変化させない接頭辞
　　　　A タイプ：A-*N*（e.g. sub*structure*），A-*A*（e.g. sub*con-
　　　　　　　　　scious*），A-*V*（e.g. sub*divide*），A-*Adv*（e.g.
　　　　　　　　　anti*clockwise*）
　　IV.　範疇を変化させない接尾辞
　　　　N タイプ：N-*N*（e.g. lion*ess*）
　　　　A タイプ：A-*A*（e.g. young*ish*）

　I から IV の結合パタンを調べると，どの型にも共通して主要部，

あるいは基体に A か N の範疇が含まれています。ただし，disappear, unfold のような A も N も含まない例外は少しあります。検証は後回しにすると，派生語の特徴として次のようなことが言えるかもしれません。

(7)　派生語の構成要素には A か N が義務的に含まれる（AN 条件と呼びます）。

(7) は偶然，出てきたものでしょうか。それとも，A か N の範疇は派生語以外の語形成にも見られる特徴でしょうか。後者を支持すると思われる転換（＝ゼロ派生）と複合語の型を見てみます。

(8)　N → V (e.g. bottle「ビンに入れる」)
　　　A → V (e.g. carm「落ち着かせる，落ち着く」)
　　　V → N (e.g. walk「歩き方」)
　　　A → N (e.g. regular「常客」)

(大石 (1988: 175))

(9)　NN (e.g. mailman), NA (e.g. color-blind), AN (e.g. poorhouse), AA (e.g. icy-cold), PN (e.g. afterbirth), VN (e.g. drawbridge), PA, VA (e.g. diehard), NV (e.g. handwash), AV (e.g. sweet-talk), NP, AP, PV (e.g. overshoot), VV (e.g. drop-kick), PP (e.g. into), VP.

(Lieber(1983: 255))

(8) は転換の主要な型を示しますが，もとになる語と転換が生じた語のいずれかに A か N の範疇が含まれています。これらは主要なものですが，(6) で挙げた aflame は *A*-N タイプから *Adv*-N タイプへの転換と考えることもできるでしょう。また，earthward(s) も N-*A* タイプから N-*Adv* タイプへの転換とみなすことができるかもしれません。

(9) は複合語として論理的に可能な型を示していますが，PA, NP, AP, VP は実際の複合語としては生じてきません。Lieber

(1983: 262) によると，P は閉じたクラスなので「前置詞で終わる
すべての複合語はレキシコンの中で個別に必要な制約によって排除
される」と仮定しています（All preposition-final compounds are
ruled out by an independently needed constraint on the lexicon.）。
本論では，P の範疇を使用しないで，afterbirth の PN 型は AN 型
として，onward の P-Adv 型は Adv-A 型からの転換として分析し
ます。残りの組み合わせとして，PV，VV，PP の型を除くといず
れも A か N の範疇が複合語の中に含まれています（VV の型は逆成
によって造られた可能性があります。e.g. stir-frying → stir-fry）。A と N
の範疇が派生語だけでなく転換や複合語に見られることを考慮する
と，(7) の AN 条件は (10) のようにさらに一般化できるかも知れ
ません。

(10) 派生語，転換，複合語の構成要素には A か N の範疇が義
     務的に含まれる。

(10) の一般化には例外が含まれていました。派生語の V-V の型と
複合語の PV と VV と PP の型です。しかし，PV を除くと，現時
点では生産性を失っているものばかりです（Jespersen (1942: 169-
173)，Strauss (1982: 2-3)，成田・長谷川・小谷 (1983: 171)，Carstairs-
MacCarthy (2002: 60)）。したがって，これらの例外は共時的に見る
と (10) の一般化を否定する材料にはならないと考えます（PV 型は
統語的に作られたものから particle の編入として形成される可能性もあり
ます）。(9) の複合語の中で V や P を含まない NN，NA，AN，
AA の型が一番，新造力があることを考慮に入れると，(10) の一
般化は生産性と関係するのかも知れません。Lieber (1983) は項結
び付けの原理（Argument-linking Principle）に従い，P と V 以外
の N や A は項結びつけの原理が適用されないので，項構造の内項
や意味項を取ることができなくなり，幅の広い解釈やそのため生産
性も高くなることを NN，NA，AN，AA の型の新造力の理由と
して挙げています（詳細は，Lieber (1983: 258-265) を参照のこと）。

第 11 章　形態論の応用と展開　　185

　(10) の派生語の一般化は，次の 2 節で展開する名詞範疇条件と
形容詞範疇条件を仮定するきっかけとなりました。なぜ，派生語の
中に A か N が含まれるのか。これに答えるのは現段階では難しい
問題ですが，A と N の語彙素性として，A には [+N, +V] が N
には [+N, −V] が指定されるところから共通に [+N] 素性が含ま
れることがわかります。たとえば，英語の形容詞接尾辞の -ive や
-able の派生語の多くがそのままの形で名詞の意味も有しているこ
とは A の範疇の名詞性を物語っているのかもしれません（e.g. ad-
jective（形容詞の，形容詞），breakable（壊れやすい，割れ物））。また，
Radford (2004: 51) は，ロシア語の名詞と形容詞が各変化（i.e. 主
格は -a を対格は -u）を共通にもつことを指摘しています。

(11)　Krasnay*a* dyevushk*a* vsunula chornuy*u* koshk*u* v
　　　Beautiful girl　　　 put　　 black　　 cat　　 in
　　　pustuy*u* korobk*u*
　　　empty　box
　　　'The beautiful girl put the black cat in the empty box'

したがって，A と N は名詞性という語彙素性の共通性をもち，V
や P の [+V, −N] や [−V, −N] の非名詞性とは異なる概念であ
ることがわかります。派生語，転換，複合語には A と N が必ず含
まれる (10) の一般化はこの名詞性と関係し，名詞は動詞の動的な
状態から形容詞に向かい，さらに形容詞から名詞に向かって静的な
状態へと変化します。この変化は，Ross (1972) で主張された統
語変形の連続的階層体（squish）を思い出させます（i.e. V > A >
N）。Ross (1972: 317) の比喩的な表現を引用すると「だんだんと
気温が下がって，その寒さが最終的に名詞に至るまで統語規則の生
産性を凍結させる」（descending into lower and lower tempera-
tures, where the cold freezes up the productivity of syntactic
rules, until at last nouns)。統語規則は形態規則と異なり移動変形
や削除変形により文内の要素を並べ替えることが可能です。一方，

186

形態規則は形態的緊密性の原則（integrity principle）により，語内の要素の並べ替えや削除することは不可能です。したがって，(10)の一般化は統語規則とは逆の方向で，動詞性から名詞性に向かうことによって，形態規則は生産性を高めることになるのかもしれません。(10)の一般化が日本語にも適用できることを示す詳細な分析はまだですが，日本語にも適用可能であることを最後に示唆したいと思います。(12)は派生語の例，(13)は複合語の例です（イタリックは主要部を表し，日本語の接辞に下線を引いておきます）。

(12)　I.　範疇を変化させる接頭辞
　　　　　A タイプ：*A*-N (e.g. 不機嫌)，*A*-V
　　　　　V タイプ：*V*-N，*V*-A
　　　　　Adv タイプ：*Adv*-N，*Adv*-A

　　　II.　範疇を変化させる接尾辞
　　　　　N タイプ：A-*N* (e.g. 悲しさ)，V-*N* (e.g. 食べ方)
　　　　　A タイプ：N-*A* (e.g. 経済的)，N-*A* (e.g. 水っぽい)，
　　　　　　　　　　V-*A* (e.g. 忘れっぽい)，Adv-*A* (e.g. わざとらしい)
　　　　　V タイプ：N-*V* (e.g. 秋めく)，A-*V* (e.g. 寂しがる)
　　　　　Adv タイプ：N-*Adv* (e.g. 1 日中，事実上)，A-*Adv*

　　　III.　範疇を変化させない接頭辞
　　　　　A タイプ：A-N (e.g. 小石)，A-V，A-*Adv*
　　　　　Adv タイプ：Adv-A (e.g. ほろ苦い)，Adv-V (e.g. ちょい投げ)，Adv-N (e.g. 丸坊主)

　　　IV.　範疇を変化させない接尾辞
　　　　　N タイプ：N-*N* (e.g. 芸術家)
　　　　　A タイプ：A-*A* (e.g. きもかわ)

(13)　N*N* (e.g. 灰皿)，A*N* (e.g. 古本)，V*N* (e.g. 焼き肉)，
　　　Adv*N* (e.g. ニコニコ顔)，N*A* (e.g. 奥深い)，A*A* (e.g. 悪賢い)，V*A* (e.g. 歩きやすい)，Adv*A* (e.g. 激辛) N*V* (e.g.

川下り），AV（e.g. 暑すぎる）

11.2. 語形成規則と名詞範疇条件・形容詞範疇条件の応用

Keywords: 語形成，派生語の一般条件，NCC（の含意），ACC（の含意）

　語形成規則（Word Formation Rule, WFR）は語を生成する仕組みです。派生語や複合語がどのように生成されるのかについてこれまで考察がなされて来ました（e.g. Siegel（1974），Aronoff（1976），Allen（1978），Lieber（1980），Williams（1981），Selkirk（1982）ほか）。しかし，Selkirk（1982）と Lieber（1992）を除くと，語の内部構造を組み立てる語形成規則そのものよりも派生語や複合語を形成するときに課される個別の条件や一般条件として提出されたものがほとんどです。たとえば，4.3 節で述べた（厳密）下位範疇化素性も接辞に課される個別の条件です。4.3 節で述べたレベル順序付け仮説は接辞全体を射程に入れて考察します。したがって，個別条件ではなく派生語や複合語の一般条件です。生成の仕組みは下位範疇化素性が前提となります。

　本節では高橋（2009）で提唱した名詞範疇条件（Noun Category Condition）（以後 NCC と略します）と形容詞範疇条件（Adjective Category Condition）（以後 ACC と略します）を使ってどのように派生語が形成されるのか，どのように不適格な派生語が阻止されるのかを英語について考察します。派生語の構造化は Pesetsky（1985）に従い，辞書の中で指定される下位範疇化素性によって与えられると仮定します。また，Williams（1981）の右側主要部の規則（4.2 節を参照のこと）に従い，接辞にも単純語と同様に品詞性があると仮定します。その品詞は Lieber（1980）の浸透の規約（percolation convention）に従い bottom up に上のサイクルに浸透していくと仮定します。

　高橋（2009: 175）は（1）の NCC と ACC を提案しました。

(1) NCC: 最終節点にある名詞範疇（N）は，動詞（V）・形容詞（A）・名詞（N）のいずれかの範疇により，二重にc-統御されてはならない。

ACC: 最終節点にある形容詞範疇（A）は，動詞（V）・形容詞（A）・副詞（Adv）のいずれかの範疇により，二重にc-統御されてはならない。

(1) の NCC と ACC には (2) の NCC の含意と ACC の含意により派生語が (3) (4) のように動的に生成されると仮定します。

(2) NCC の含意：派生語は動詞（V）・形容詞（A）・名詞（N）の範疇が名詞範疇（N）をc統御しながら生成される。

ACC の含意：派生語は動詞（V）・形容詞（A）・副詞（Adv）の範疇が形容詞範疇（A）をc統御しながら生成される。

(3) NCC の含意

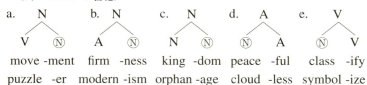

(4) ACC の含意

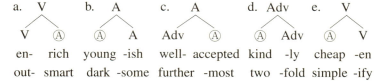

(3) において，最終節点にある Ⓝ が c 統御される要素です。たとえば，(3a) の movement は V (move) が Ⓝ (-ment) を c 統御して派生されます。また，(3d) のように N と A がある場合，N が

優先され，c 統御される要素になります。したがって，peaceful は -ful（A）が peace（Ⓝ）を c 統御して派生されます。一方，(4) では最終節点にある Ⓐ が c 統御される要素となります。たとえば，(4a) の enrich は例外的に左側の V (en-) が全体の品詞を決定しますが (4.4 節 p. 45 参照)，en- が A (rich) を c 統御して派生されます。また，(4b) の youngish の派生のように A-A 型の場合にどちらが最終節点になるかは，godish のような N-A 型があることを考慮に入れると，-ish が young を c 統御して派生されると仮定します。派生語はこのようにして (2) の NCC の含意と ACC の含意によって生成されると仮定します。

次に，不適格な派生語がどのように阻止されるかについて説明します。

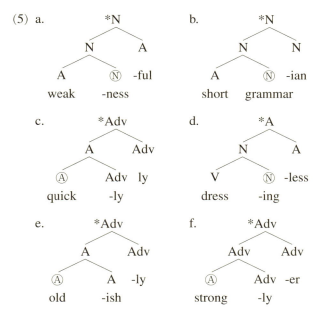

(5) において Ⓝ と Ⓐ が最終節点ですが，第 1 サイクルにおいて

NCC と ACC の含意によって正しく，weakness, short grammar, quickly, dressing, oldish, strongly の派生語を生成することができます。しかし，第2サイクルに進み，接辞がさらに付加されると派生語は不適格となり，派生が阻止されます (i.e. *weaknessful, *short grammarian, *quicklily, *dressingless, *oldishly, *stronglier)。(5)で示された派生語はレベル順序付け仮説において問題となり説明できない諸例でした (8.4節参照)。(1) の NCC と ACC は (5) においてこれらの派生語がどのように阻止されるかを説明できます。

たとえば，(5b) の *short grammarian は「背の低い文法家」という意味では阻止されませんが，transformational grammarian の「変形文法家」のように，複合語として捉えると阻止されます。なぜなら，short grammar のような文法は存在しませんし，結果として複合語ではなく句の解釈がなされるからです。したがって，transformational grammar のように (5b) の構造から (5b′) の左側の構造に，short grammar の構造は変換されないと仮定します。

(5) b′.

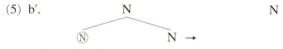

transformational grammar -ian   transformational grammarian

一方，transformational grammar の構造は意味的語彙化を受け，(5b) の二項枝分かれ構造 (4.3節参照) から (5b′) の左側の構造に変換します。さらに -ian を付加する際に，transformational grámmar から transformational grammárian に第1強勢が移動するので音韻的語彙化を受け，(5b′) の右側の構造に変換すると仮定します。一方，*short grammarian は意味的語彙化を受けないので (5b) の構造のままであり，(1) の NCC に抵触し Ⓝ (grammar) が A (short) と N (-ian) の範疇に二重に c 統御されるため派生されないと説明ができます (意味的語彙化と音韻的語彙化については高橋 (2009: 185) を参照)。

(5c) の *quicklily や (5f) の *stronglier の派生は (1) の ACC により阻止されます。Aronoff (1976: 93) は (5c, f) の派生語を排除するために個別に -ly の切り取り規則を仮定していますが，(5c, f) のどちらの派生も構造を見ると Ⓐ (quick, storng) が Adv (-ly, -er) によって二重に c 統御されるため ACC に抵触して排除されます。ここで興味ある事実として *quicklily や *stronglier とよく似た構造である friendlily や friendlier がなぜ派生されるのか (6) の内部構造を基に検討します。

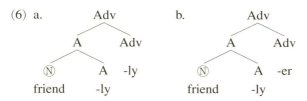

(6a, b) の構造から Ⓝ は A と Adv の範疇により二重に c 統御されることになりますが，(1) の NCC の定義に従えば，副詞の Adv は c 統御子の資格をもっていません。したがって，NCC に抵触せず，friendlily, friendlier が派生されると仮定します。(5a) (5d) (5e) も同様に NCC と ACC の違反によって，正しく阻止されると考えます。

(1) の NCC と ACC は，上記のように派生語の生成過程と派生語の適格性を統一的に予測できるだけではなく例外の説明や転換した派生語になぜ接辞が付加できないかの事実を説明することができます。前者は，Chapin (1970) で議論された -ful 接尾辞が例外的に動詞に付加する forgetful, mournful, resentful の派生についてです。後者は Marchand (1960) で議論された *[[[improve]$_V$ -ment]$_N$ φ]$_V$ や *[[[free]$_A$ -dom]$_N$ φ]$_A$ の接辞の付いた語からの転換は生じないという事例についてです（転換を阻止する発音されない接辞 φ があると仮定し，これをゼロ派生と呼びます）。

Chapin (1970) は -ful 接尾辞は *thinkful (cf. thoughtful) のよう

に動詞に付加できないことから Brown (1958) の考え方を援用して, forgetful, mournful, resentful の派生語の基体は基底では forgetting, morning, resentment のような名詞形を想定し, そこに -ful が付加される際に, -ing や -ment が切り取られると仮定しています。なぜそれらの接辞が切り取られるのか理由はわからないと言っていますが, Chapin (1970: 55) は -ness, -ment, -ing, -ity, -tion のあとには -ful が付加しないという外在的順序付けで説明を試みます (cf. Fabb (1988: 532))。しかし, (1) の NCC を仮定するとこれらの事実を簡単に説明することができます。

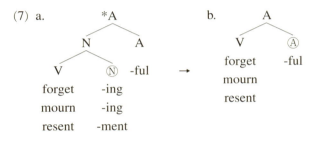

(7a) において Ⓝ が V (forget, mourn, resent) と A (-ful) により二重に c 統御される結果, NCC に抵触します。実際に, *forgettingful, *mourningful, *resentmentful の派生語は存在しません (cf. forgetting, mourning, resentment の派生語は (2) の NCC の含意によって派生されます)。そこで, Ⓝ の -ing や -ment の接尾辞が切り取られ, (7b) の右側の構造になり, ACC の含意を満たし派生されます。

次に, Marchand (1960: 302) は接辞が付いた語からの転換は生じないことを述べています。すなわち, arrive, improve のような動詞から派生される arrival, improvement の名詞形が再度, 動詞形になることは許されません。また, free, idle の形容詞から派生される名詞形の freedom, idleness が再度, 形容詞になることは許されません。なぜ, (8a, b) のような転換が許されないかについて,

第 11 章 形態論の応用と展開   193

(1) の NCC は (9) の内部構造から簡単に説明できます。

(8) a. *[[[improve]$_V$ -ment]$_N$ ϕ]$_V$ b. *[[[free]$_A$ -dom]$_N$ ϕ]$_A$
(9)

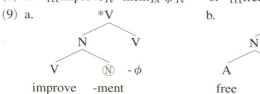

(9a, b) の内部構造を見ると，Ⓝ (-ment, -dom) が V (improve)，A (free) と V (-ϕ)，A (-ϕ) によって二重に c 統御されるため NCC 違反となり (8a, b) の派生が排除されます。

Kiparsky (1982: 12) では，ゼロ派生は (10a) のようなレベル 1 の接辞に生じて，レベル 2 の接辞には生じないと主張しますが，島村 (1987: 162-163) は (10b) のようなレベル 2 の派生語もゼロ派生が可能であると指摘しています。

(10) a.   pressure (圧力を加える)，proposition (異性を誘惑する)
     b.   beggar (無力にする)，sweeper (掃除機で掃除する)

これらの派生語は基体の動詞とゼロ派生語の動詞の意味が異なるために意味的語彙化や音韻的語彙化が生じて，(11a) の構造から (11b) の構造に内部構造が変換すると仮定すれば，統一的に (1) の NCC に抵触しないで正しくゼロ派生の事実が説明されます (語彙化については高橋 (2009: 176-185) を参照)。

(11)

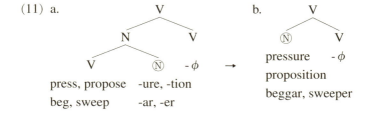

最後に，governmental の派生語はなぜ生成されるかについて検討します。Aronoff (1976: 54) は注のところで，government の意味として，動詞から派生された「支配」と，語彙化した「政府」の意味があると指摘しています。そこで，governmental の派生が「政府的な」の意味しかないことから，governmental の派生語は [government]_N-al]_A のように派生され，否定制限（8.4 節を参照）に抵触しないで生成されるのではないかと示唆しています。この捉え方はNCC と意味的語彙化のプロセスを考慮に入れるとうまく説明することができます。

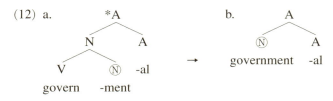

(12a) は NCC 違反の構造ですが，(12b) のように意味的語彙化が生じて内部構造が変換され，A (-al) が Ⓝ (government) を c 統御して NCC の含意を満たし governmental を正しく派生させることができます。

11.3.「〜っぽさ」と X-ishness の関係

Keywords:「〜っぽい」の旧表現と新表現，「〜っぽさ」と X-ishness の成立条件

本節では，NCC と ACC の発展として日本語の「〜っぽさ」とX-ishness の関係について論じます。高橋 (2015a) では辞書に載せられている「〜っぽい」の旧表現 (e.g. 水っぽい，荒っぽい，忘れっぽい，など) とインターネットで溢れている「〜っぽい」の新表現 (e.g. 学者っぽい，学生っぽい，出かけるっぽい，それっぽい，など) を比較しました。基本的に，辞書に載せられている日本語の「〜ぽい」

の基体は名詞（e.g. 子供っぽい）だと考えます。一方，英語の -ish の基体は名詞と形容詞（e.g. bookish, youngish）があると仮定します。梅原（2002: 418）は下記のように『リーダースプラス』（研究社）と『スーパー大辞林』（三省堂）の辞書から -ish と「〜っぽい」の基体の品詞別に語彙数とその比率を調べています。

(1)

-ish の基体の品詞	名詞	形容詞	副詞	動詞	接続詞	不明	合計
語数	323	122	3	3	1	9	461
比率（%）	70	26.4	0.7	0.7	0.2	2.0	100

「〜っぽい」の基体の品詞	名詞	形容詞	副詞	動詞	接続詞	不明	合計
語数	15	12	0	6	0	0	33
比率（%）	45.5	36.3	0	18.2	0	0	100

　細かく見れば，「〜っぽい」は動詞の「忘れっぽい」「惚れっぽい」「飽きっぽい」のような例や形容動詞の「気障っぽい」がありますが，「*忘れっぽさ」「*惚れっぽさ」「*飽きっぽさ」「?気障っぽさ」のように「-さ」の接尾辞が付かないような例は特殊な例だと考えます。なぜなら，「〜っぽい」の旧表現と新表現を区別する大きな違いは「-さ」の接尾辞が付くかどうかにあると考えられるからです（e.g. 水っぽさ，荒っぽさ vs. *学者っぽさ，*学生っぽさ，*出かけるっぽさ，*それっぽさ，など）。

　旧表現と新表現の「〜っぽい」の違いは上記の「-さ」の付加以外に，さまざまな品詞や句や文の基体に新表現が付加できること（e.g. 壊れたっぽい，あるっぽい，大阪の冬っぽい，郵便住所確認が面倒っぽい，など。用例は小原（2010）），そして意味的には新表現が「〜のような」「〜のようだ」の推量・伝聞の助動詞的な意味になること（高橋（2015a: 46）），が挙げられます。このように旧表現には見られなかった統語的拡張と意味的統一化は新表現の「〜っぽい」が内容語から機能語へと変化していく文法化現象の一つであると捉えます。旧表現の「〜っぽい」は接尾辞で機能語と考えられていますが，右側主

要部の規則（4.2節参照）に従い，接辞に品詞性があることや，このあと検討する意味的な関係を見れば内容語として捉えたほうがよいのではないかと考えます。

それでは，なぜ旧表現と新表現で「-さ」が付くかどうかの違いが出てくるのかをNCCとACCによって説明していきます。旧表現の「水っぽい」と新表現の「学生っぽい」を例にしてその意味を考えてみます。「水っぽい」の意味としては「水のようだ」の合成的な意味と語彙化した非合成的な意味の「水分が多くて味が薄い，打ち解けずよそよそしい」があると考えられます。一方，「学生っぽい」の意味は「学生のように見える／感じられる」の合成的な意味しかないと考えます。「水っぽい」「学生っぽい」における内部構造の違いは，(2)のようになると仮定します。

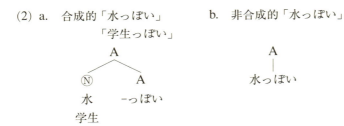

(2a, b)の違いは二項枝分かれになっているかいないかの違いですが，「-さ」の接尾辞が付加できるかどうかは(3)の構造を仮定することによってNCCにより説明できます。

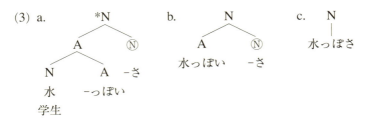

(2a) のように合成的な意味をもつ「水っぽい」「学生っぽい」は二項枝分かれのまま，Aが Ⓝ を c 統御して派生されます。第2サイクルで「-さ」の付加の際に，(3a) のように (2a) の内部構造を維持したまま派生が継続され，結果として，Ⓝ (-さ) が N (水)(学生) と A (-っぽい) のいずれにも c 統御されないことになり，NCC の含意を満たせず「*水っぽさ」「*学生っぽさ」は排除されます ((3a) は N が Ⓝ を c 統御できない構造だけではなく，Ⓝ (-さ) の下位範疇化素性として N (水)(学生) を取らないという制約にも抵触します。cf. *水さ，*学生さ)。

「水っぽい」が非合成的な意味をもつと，内部構造は意味的語彙化を受けて，(2a) から (2b) のように変換すると仮定します。結果として，「-さ」を付加する際は (3b) の構造となり，NCC の含意を満たし，最終的に (3c) のように語彙的名詞に変換すると仮定します。

次に，英語の bookish と youngish の派生語から bookishness と *youngishness の派生がどのように生成・阻止されるかを見てみます。bookish には「本の」の合成的な意味と「学者ぶった，堅苦しい」の非合成的な意味があります。一方，youngish には「やや若い」の合成的な意味しかありません。N-ish と A-ish の違いは，N-ish が N から連想させる非合成的な意味を含意するのに対して，A-ish は somewhat や fairly の意味が -ish にあるだけで非合成的な意味を含意しないという点です (「黒っぽい」「白っぽい」のように中立的な「黒」「白」の意味で「黒っぽさ」「白っぽさ」の派生が可能になるのはなぜかについては高橋 (2013) を参照のこと)。

(4) a. 合成的　bookish, youngish　　b. 非合成的　bookish

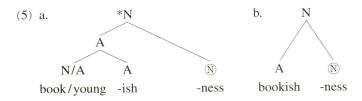

　(4a) の構造から，A (-ish) が Ⓝ/Ⓐ を c 統御して bookish「本の」と youngish「やや若い」の派生語が形成されます。しかし，合成的な意味なので第 2 サイクルで -ness を付加する際に，(5a) のように (4a) の内部構造が維持されたまま派生が促される結果，Ⓝ が A (young, -ish) のいずれにも c 統御されないので NCC の含意を満たせず，*bookishness「本の状態」と *youngishness「やや若い状態」の派生は阻止されることになります。一方，非合成的な意味をもつ bookish は意味的語彙化により (4b) の構造に変換される結果，-ness 付加の際に (5b) の構造を仮定し，正しく bookishness「学者ぶった状態，堅苦しさ」の意味をもつ派生語が生成されます。

11.4.　「陰干しする」と「*布団干しする」の違い

Keywords: 動名詞，「する」の下位範疇化素性，語の頻度に基づく語彙化

　サ変動詞の「する」が動名詞（verbal noun）（学校文法の動名詞 (gerund) とは異なる）に付加することは影山 (1993) や小林 (2004) で議論されています。サ変動詞の「する」は (1) に見られるように，どんな基体にも付加するのではないことから動詞的な性質と名詞的な性質を併せもった動名詞という範疇があることを Martin (1975) は提案します。

(1) a.　散歩する，研究する，徹夜する
　　b.　立ち読みする，夜遊びする，買物する
　　c.　テストする，プリントする
　　d.　*医者する，*うす味する，*自動車する，*ネクタイする

第 11 章　形態論の応用と展開　　199

(影山 (1993: 26))

　影山 (1993) によると，動名詞の動詞的な性質は (2a) のように
「人」の接尾辞が付加する場合に「にん」と読まれ，(2b) のように
名詞に付加する場合は「じん」と読まれる点にあります。(2c) の
ように動詞の連用形に付加する場合は「にん」と読まれるため，動
詞と同じように動名詞が動詞的な振る舞いをしていることに気づき
ます。

(2) a.　案内人，管理人，世話人，編集人など。
　　 b.　宇宙人，外国人，関西人，社会人など。
　　 c.　遊び人，勤め人，雇い人

(影山 (1993: 28))

　また，動名詞は名詞的な性質もあります。接尾辞の「用」は (3a)
のように動名詞に付加できます。(3b) のように名詞に付加して，
(3c) のように動詞の連用形には付加しないことから，動名詞は名
詞と同じ振る舞いをしていることに気づきます。

(3) a.　荷造り用，引越し用，料理用，テスト用など。
　　 b.　園芸用，教職員用，自動車用，プロ用など。
　　 c.　*歩き用，*調べ用，*食べ用，*潜り用など。

(影山 (1993: 29))

　影山 (1993: 26) は「する」は (2) (3) のように基体の選択制限
が見られることから，接尾辞「-方」や「-さ」と同じ種類の形態的
な制限であると捉えています。本論でも，「する」は接尾辞である
と仮定し，分析していきます。
　高橋 (2011: 22) では「する」を接尾辞として捉え，(4) の下位
範疇化素性があることを提案しました。

(4)　「〜する」：V, [+N ＿] (ただし，N の範疇は「活動」「行
　　 為」を表す漢語動名詞と動詞由来複合名詞である)

（4）の括弧内における制限は，（5）のモノ名詞の意味をもつ場合に「する」の付加を排除する意味的な制約として考えています。（6）のデキゴト名詞は「活動」「行為」を表します（影山（1999: 119）の分類，英語の例は省いています）。

（5）　モノ名詞
　　　a.　結果・産物： 虫さされ，虫食い
　　　b.　人間： 金持ち
　　　c.　道具： 爪切り
　　　d.　場所： 犬走り
（6）　デキゴト名詞
　　　　　ワックスがけ，ゴミ捨て，胸騒ぎ

（6）の「ゴミ捨て」は「する」が付加して，「*ゴミ捨てする」「*ゴミ投げする」は「を」格を付けても不自然な感じがします（i.e.「?ゴミ捨てをする」「?ゴミ投げをする」。「ゴミ拾いする」「ゴミ集めする」は「を」格の省略で，「ゴミ拾いをする」「ゴミ集めをする」から派生されると考えます。「目的語＋動詞＋する」は伊藤・杉岡（2002: 112）が指摘するように，一見不自然ではないと感じられるのはくだけた話し方であって，書き言葉としては「?ゴミ拾いする」「?ゴミ集めする」は容認されないと考えます。しかし，「里帰りする」「墓参りする」は「「に」格目的語＋動詞＋する」ですが，「日帰りする」の「副詞＋動詞＋する」の型と同様に容認されるのではないかと考えます。また，「店じまいする」「店びらきする」は「目的語＋動詞＋する」の型ですが，「早じまいする」「早出する」の「副詞＋動詞＋する」の型と同様に容認されると考えます（『明鏡国語辞典』（2002），『デジタル大辞泉』（2009）には「里帰り」「墓参り」「店仕舞い」「店開き」にはサ変動詞の「する」が付加することが記載されています）。

一般に，動詞由来複合語は，「する」を伴うと前項に副詞的要素を含むことが多いことが指摘されています（影山（1999: 133））。また，内項（目的語）と異なり付加詞になるので副詞的要素は連濁を

引き起こすことが指摘されています（伊藤・杉岡 (2002: 127)）。

(7) a. 衝動買いする，水洗いする，流し読みする
    b. 陰干しする／*布団干しする，手書きする／*手紙書きする

　高橋 (2009) の NCC の条件は上記の諸例を統一的に説明することができます。(7b) の「陰干しする」と「*布団干しする」の容認性の違いは，(8) (9) の内部構造から捉えられます。

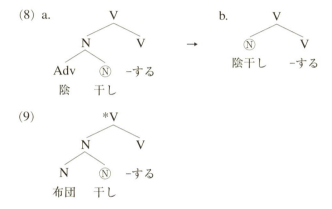

　(8a) は Ⓝ（干し）が Adv（陰）と V（-する）によって二重に c 統御されますが，NCC の定義から Adv は c 統御子になれません (11.2 節参照)。したがって，NCC に抵触しませんがまだ NCC の含意を満たせない構造です。しかし「陰干し」は「干し」が「ぼし」と連濁するので音韻的語彙化が生じて，(8b) の構造のように「陰干し」は語彙的名詞に変換すると仮定します（高橋 (2013: 323, 2015a: 74)）。結果として，(8b) は NCC の含意を満たします。
　一方，(9) の構造は Ⓝ（干し）が連濁を起こさず，「布団を干す」という合成的な意味を維持するので，(8) のような内部構造の変換は生じないと仮定します。結果として，(9) の Ⓝ は N（布団）と V（-する）により二重に c 統御されるので「*布団干しする」は

NCCによって不適格と判断されます。

上記の「里帰りする」の表現は「帰り」が「がえり」と連濁を起こしています。「店仕舞いする」「店開きする」も同様に連濁が生じています。したがって、これらの複合語形成も（8）と同じように（10a）の構造から（10b）のように内部構造が変換すると仮定します。

(10) a.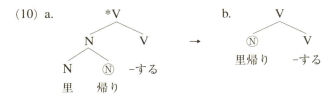

(10b)の構造から、NCCの含意によって正しく「里帰りする」が生成されます。「店仕舞いする」「店開きする」も同じ分析が可能だと考えます。

「墓参りする」は連濁する音を含んでいないので（8.2節参照）、音韻的語彙化によって内部構造は変換されません。しかし、「*神社参りする」「?伊勢参りする」「宮参りする」を比較すれば、「墓参り」「宮参り」の表現が「神社参り」「伊勢参り」より使用される回数が頻度的に多くなると考えます。また、「墓参り」「宮参り」の意味は単に「墓に参る」「宮に参る」の「墓に行く」「神社に行く」の合成的な意味ではなく、『明鏡国語辞典』（2002）によれば「墓に参って拝むこと。特に、盂蘭盆に先祖の墓に参ること」「子供が生まれてから初めて産土神に参拝すること」と非合成的な意味が生じています。これらのことを踏まえると高橋（2009: 185）の語の頻度に基づく語彙化や意味的語彙化によって「墓参りする」「宮参りする」が（10）の分析と同様に正しく生成されると考えます。

最後に、「*干しする」「*帰りする」「*参りする」の表現が阻止されるのはなぜかについて考えます。これらの「〜する」表現は動詞の連用形がゼロ派生によって転成名詞化されると仮定します（西尾

(1961))。そして，(11) の内部構造によって生成されると仮定します。(11) は樹形図にすると，(12) のようになりますから，これらの表現が NCC 違反であるために阻止されることがわかります（詳細な議論は，高橋 (2011) を参照）。

(11) *[[[干し]$_V$ φ]$_N$ する]$_V$
　　　*[[[帰り]$_V$ φ]$_N$ する]$_V$
　　　*[[[参り]$_V$ φ]$_N$ する]$_V$

(12)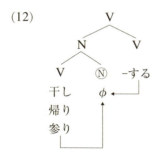

あ と が き

　私たちが英語を勉強するときに一番苦手なのは単語や文法を覚えなくてはならないということかもしれません。しかも単語や文法を覚えるときにわからないまま丸暗記することほど辛いことはありません。本書では，英語史・形態論・言語習得・統語論・意味論・音韻論・語用論・英語教育の八つの分野に亘って，英語学の知見を活用しながら講義を進めてきました。文法は覚えることではなく，ことばの仕組みや文法規則を応用して，言語事実に当てはめ理解することです。

　形態論や統語論では樹形図を使いました。単語や文を構造的に理解することは言語の本質を理解させてくれるだけではなく，私たちの記憶に長く留まるものと思えます。私たちは年と共に記憶力が薄れ，大切なこともやがては忘れてしまうことになります。しかし，感動したことや嬉しいことはいつまでも心の奥に刻まれることになります。私たちはストレスを感じる社会に生きています。嫌なことはいつまでも逆の意味で記憶に残るものです。そんなときには「STRESS をしましょう」と応えて乗り切りましょう。S は SPORT, T は TRIP, R は RECREATION, E は EAT, S は SMILE, S は SLEEP となります。これは，私たちの生活に活かせる頭文字語のことば遊びです。

　私たちのことばの背後には記憶に負担をかけないで，いつまでも思い出すことができ，且つ応用が可能な規則性が背後に隠されています。それを知っておくことは英語を理解する上で役立ちます。さらに，それを見つけることは楽しみでもあります。ぜひ，『英語学を学ぼう──英語学の知見を英語学習に活かす──』から得た知識を活用して新しい事実を発掘して下さい。最後になりましたが，ことばの研究にはことばの「か・き・く・け・こ」が大切だと思います。

ことばの「か」：観察すること
　　　　　「き」：気づくこと
　　　　　「く」：工夫すること
　　　　　「け」：研究すること
　　　　　「こ」：答えを見つけること

参考文献

第 2 章の主要参考文献：

Berk, Lynn M. (1999) *English Syntax: From Word to Discourse*, Oxford University Press.

Chomsky, Noam (1965) *Aspects of the Theory of Syntax*, MIT Press.

福井直樹 (2012)『チョムスキー 言語基礎論集』岩波書店.

Hinds, John (1986) *Situation vs. Person Focus*, くろしお出版.

池上嘉彦 (1991)『〈英文法を〉考える』ちくま学芸文庫.

井上和子 (編) (1989)『日本文法小辞典』大修館書店.

Jakendoff, Ray (1972) *Semantic Interpretation in Generative Grammar*, MIT Press. [2.1 節の FR]

Jespersen, Otto (1927) *A Modern English Grammar on Historical Principles*, Part III (2nd edition): Syntax, George Allen & Unwin.

影山太郎 (編) (2001)『日英対照 動詞の意味と構文』大修館出版. [2.2 節の FR]

久野暲 (1973)『日本文法研究』大修館書店. [2.1 節の FR]

Levin Beth (1993) *English Verb Classes and Alternation*, University of Chicago Press. [2.2 節の FR]

益岡隆志 (1993)『24 周日本語ツアー』くろしお出版. [2.1 節の FR]

中島平三 (2011)『ファンダメンタル英語学演習』ひつじ書房.

中村捷・金子義明・菊池朗 (2001)『生成文法の新展開』研究社出版.

中右実 (1994)「場所の『に』と『で』：日英語空間の認知地図」『英語青年』140 巻 2 号，80-82，研究社出版.

中右実・西村義樹 (1998)『構文と事象構造』(日英語比較選書 5) 研究社出版. [2.1 節の FR]

野田尚史・迫田久美子・渋谷勝己・小林典子 (2001)『日本語学習者の文法習得』大修館書店. [2.1 節の FR]

大庭幸男 (2011)『英語構文を探求する』(言語・文化選書 23) 開拓社. [2.2 節の FR]

田窪行則・稲田俊明・中島平三・外池滋生・福井直樹 (1998)『生成文法』(岩波講座言語の科学 6) 岩波書店. [2.1 節の FR]

高橋勝忠・福田稔 (2001)『英語学セミナー』松柏社.

安井稔（訳）（1970）『文法理論の諸相』研究社.

第3章（英語史）の主要参考文献：

Buck, Gary（1992）*The History of the English Language in Simplified English*, 英潮社.

家入葉子（2007）『ベーシック英語史』ひつじ書房.

児馬修（1996）『ファンダメンタル英語史』ひつじ書房.

松浪有（編）（1995）『英語の歴史』（テイクオフ英語学シリーズ 1）大修館書店. ［FR］

中尾俊夫・児馬修（編著）（1990）『歴史的にさぐる現代の英文法』大修館書店. ［FR］

指昭博（2002）『図説 イギリスの歴史』河出書房新社.

高橋勝忠（2013）『第 2 版 英語学基礎講義』現代図書.

第4章（形態論）の主要参考文献：

Allen, Margaret（1978）*Morphological Investigations*, Doctoral dissertation, University of Connecticut.

Aronoff, Mark（1976）*Word Formation in Generative Grammar*, MIT Press.

原口庄輔・中村捷（編）（1992）『チョムスキー理論辞典』研究社出版.

Ito, Junko（1990）"Prosodic Minimality in Japanese," *CLS 26-II: Papers from the Parasession on the Syllable in Phonetics and Phonology*, 213–239.

影山太郎（1999）『形態論と意味』くろしお出版.

Katamba, Francis（1993）*Morphology*, Macmillan.

窪薗晴夫（2002）『新語はこうして作られる』岩波書店. ［4.1 節の FR］

Lieber, Rochelle（2010）*Introducing Morphology*, Cambridge University Press.

竝木崇康（1985）『語形成』（新英文法選書 第 2 巻）大修館書店.

竝木崇康（2009）『単語の構造の秘密』開拓社. ［4.2 節の FR］

大石強（1988）『形態論』（現代の英語学シリーズ 4）開拓社. ［4.2 節の FR］

Siegel, Dorothy（1974）*Topics in English Morphology*, Doctoral dissertation, MIT.

高橋勝忠（2003）「短縮複合語と混成語の違いについて」『言語学からの眺望 2003』，福岡言語学会（編），九州大学出版会.

高橋勝忠（2009）『派生形態論』英宝社. ［4.3 節の FR］

208

高橋勝忠（2016）「第3章　派生形態論」『形態論』（朝倉日英対照言語学シリーズ4）朝倉書店．［4.4節のFR］

Williams, Edwin (1981) "On the Notions 'Lexically Related' and 'Head of a Word," *Linguistic Inquiry* 12, 245-274.

『広辞苑　第6版』（2008），岩波書店．

『日本国語大辞典』（2006），小学館．

第5章（言語習得）の主要参考文献：

Anderson, J. (1985) *Cognitive Psychology and its Implications*, 2nd ed., Freeman.

Black, Maria and Shula, Chiat (2003) *Linguistics for Clinicians*, Arnold. ［5.2節のFR］

Canal, M., and M. Swain (1980) "Theoretical Bases of Communicative Approaches to Second Language Teaching and Testing," *Applied Linguistics* 1-1.

Chomsky, Noam (1965) *Aspects of the Theory of Syntax*, MIT Press.

Chomsky, Noam (1986) *Knowledge of Language*, Praeger.

畠山雄二（2003）『ことばを科学する——理論言語学の基礎講義』鳳書房．［5.3節のFR］

畑佐由紀子（2015）「教室活動と第二言語習得」『日本語学』（特集　入門：第二言語習得研究），第34巻第14号，明治書院．

稲木昭子・堀田知子・沖田知子（2002）『新えいごエイゴ英語学』松柏社．

Jakendoff, Ray (1972) *Semantic Interpretation in Generative Grammar*, MIT Press. ［5.1節のFR］

JASET SLA 研究会（編著）（2005）『文献からみる第二言語習得研究』開拓社．［5.5節のFR］

影山太郎（1999）『形態論と意味』（日英語対照による英語学演習シリーズ）くろしお出版．

影山太郎（編）（2011）『日英対照　名詞の意味と構文』大修館書店．［5.3節のFR］

粕谷恭子ほか（2016）『英語教員の英語力・指導力強化のための調査研究事業』<http://www.u-gakugei.ac.jp/~estudy/>

小林英樹（2004）『現代日本語の漢語動名詞の研究』ひつじ書房．

Krashen, S. D. (1982) *Principles and Practice in Second Language Acquisition*, Pergamon.

Krashen, S. D. (1985) *The Input Hypothesis: Issues and Implications*,

Longman.

ライトバウン, パッツイ M.・ニーナ・スパダ (2013)『言語はどのように学ばれるか』白井恭弘・岡田雅子 (訳), 岩波書店. [5.1 節の FR]

中右実 (1994)「場所の『に』と『で』——日英語空間の認知地図」『英語青年』140 巻 2 号, 80–82, 研究社出版.

大関浩美 (2015)「第二言語学習者の文法習得」『日本語学』(特集　入門：第二言語習得研究) 第 34 巻第 14 号, 明治書院.

Radford, Andrew (1997) *Syntax: A Minimalist Introduction*, Cambridge University Press. [『入門 ミニマリスト統語論』外池滋生 (監訳), 研究社出版]

坂本正 (2015)「第二言語習得論研究序論」『日本語学』(特集　入門：第二言語習得研究) 第 34 巻第 14 号, 明治書院.

柴田美紀・横田秀樹 (2014)『英語教育の素朴な疑問——考えるときの「思い込み」から考える——』くろしお出版.

白畑知彦 (2012)「第 2 言語習得論から見た英語学習法」静岡大学国際交流センター第 2 回公開シンポジウム (平成 24 年 11 月 17 日).

白畑知彦 (編著), 若林茂則・須田孝司 (著) (2004)『英語習得の「常識」「非常識」：第二言語習得研究からの検証』大修館書店. [5.4 節の FR]

白井恭弘 (2011)「外国語学習の科学——SLA 理論からみた効果的な英語教育とは——」『九州国際大学国際関係学論集』第 6 巻第 1・2 合併号.

白井恭弘 (2012)『英語教師のための第二言語習得論入門』大修館書店.

杉崎鉱司 (2015)『はじめての言語獲得』岩波書店. [5.1 節の FR]

鈴木孝明・白畑知彦 (2012)『ことばの習得——母語獲得と第二言語習得』くろしお出版. [5.1 節と 5.5 節の FR]

Swain, M. (1985) "Communicative Competence: Some Roles of Comprehensible Input and Comprehensible Output in Its Development," *Input in Second Language Acquisition*, ed. by S. Gass and C. Madden, 235–253, Newbury House.

Swain, M. (1995) "Three functions of Output in Second Language Learning," *Principle and Practice in Applied Linguistics: Studies in Honour of HG Widdowson*, ed. by G. Cook and B. Seidlhofer, 125–144, Oxford Univeristy Press.

第 6 章 (統語論) の主要参考文献：

Akamjian, A., S. M. and T. Wasow (1975) "The Constituent Structure of VP and AUX and the Position of the Verb BE," *Linguistic Analysis* 1,

205-245. [6.2 節の FR]

Akamjian, A., S. M. Steele and T. Wasow (1979) "The Category AUX in Universal Grammar," *Linguistic Inquiry* 10, 1-64. [6.2 節の FR]

浅川照夫・鎌田精三郎 (1986)『助動詞』(新英文選書 第 4 巻) 大修館書店.

Bresnan, Joan (1971) *Contraction and the Transformational Cycle in English*, IULC.

Chomsky, Noam (1965) *Aspects of the Theory of Syntax*, MIT Press.

Chomsky, Noam (1970) "Remarks on Nominalization," *Readings in English Transformational Grammar*, ed. by R. Jacobs and P. Rosenbaum, Ginn.

今井邦彦・中島平三・外池滋生・足立公也 (1989)『一歩すすんだ英文法』大修館書店.

今井邦彦・中島平三・外池滋生・C. D. Tancredi (1995) *Essentials of Modern English Grammar*, Kenkyusha.

庵功雄 (2012)『新しい日本語学入門』(第 2 版) スリーエーネットワーク.

Jackendoff, Ray (1977) *X' Syntax*, MIT Press. [6.1 節の FR]

Kaisse, Ellen M. (1983) "The Syntax of Auxiliary Reduction in English," *Language* 59, 93-122. [6.3 節の FR]

Kaisse, Ellen M. (1985) *Connected Speech: The Interaction of Syntax and Phonology*, Academic Press.

Kuno, Susumu (1977) "WH-Cleft and It-Cleft Sentences," *SEL* 5, 88-117.

Langacker, Ronald W. (1969) "On Pronominalization and the Chain of Command," *Modern Studies in English: Readings in Transformational Grammar*, ed. by Reibel and Schane, 160-186. [6.5 節の FR]

中村捷・金子義明・菊池朗 (2001)『生成文法の新展開』研究社出版. [6.1 節の FR]

O'Grady, William and Michael Dobrovolsky (1995) *Contemporary Linguistic Analysis I: An Introduction*. [『現代言語学入門 I』千葉修司(編注), 松柏社]

Quirk, R., J. Svartvik, S. Greenbaum and G. N. Leech (1972) *A Grammar of Contemporary English*, Longman.

Radford, Andrew (1997) *English Syntax: An Introduction*, Cambridge University Press. [6.1 節の FR]

Ross, J. Robert (1967) *Constraints on Variable in Syntax*, Doctoral dissertation, MIT. [6.4 節の FR]

斎藤興雄・佐藤寧・B. M. ウイルカーソン（1989）『新英文法入門：理論と演習』研究社出版.

Sells, Peter (1983) "Juncture and the Phonology of Auxiliary Reduction in English," U/Mass 8, 76–105. [6.3 節の FR]

高橋勝忠（1985）「最近の助動詞縮約に関する現状と批判——E. Kaisse (1983) の分析について」『福岡大学人文学論叢』第 17 巻第 3 号，577–589.

高橋勝忠（1986）「助動詞縮約の統語分析とそれらの諸問題」『甲南英文学会』第 1 号，40–56. [6.3 節の FR]

高橋勝忠（1986）「助動詞縮約の生起要因」『英語青年』第 132 巻第 3 号，研究社出版.

Takahashi, Katsutada (1987) "The Relation between Number Agreement and Auxiliary Reduction," *Descriptive and Applied Linguistics*, Vol. XX, 179–190, International Christian University.

高橋勝忠・福田稔（2001）『英語学セミナー：思考鍛錬のための言葉学』松柏社.

第 7 章（意味論）の主要参考文献：

Bolinger, Dwight (1977) *Meaning and Form*, Longman. ［中右実(訳) (1981)『意味と形』こびあん書房］

江田すみれ（2013）『「ている」「ていた」「ていない」のアスペクト』くろしお出版. [7.3 節の FR]

Fraser, J. Bruce (1974) *The Verb-Particle Combination in English*, 大修館書店.

保坂道雄（2014）『文法化する英語』開拓社.

池上嘉彦（1995）『〈英文法〉を考える』ちくま学芸文庫.

庵功雄（2012）『新しい日本語学入門』（第 2 版）スリーエーネットワーク.

影山太郎（1993）『文法と語形成』ひつじ書房. [7.6 節の FR]

影山太郎（1996）『動詞意味論』くろしお出版. [7.6 節の FR]

影山太郎(編)(2001)『日英対照 動詞の意味と構文』大修館書店.

岸本秀樹（2015）『文法現象から捉える日本語』開拓社. [7.1 節の FR]

工藤真由美（1995）『アスペクト・テンスとテクスト：現代日本語の時間の表現』ひつじ書房. [7.3 節, 7.4 節の FR]

久野暲・高見健一（2013）『謎解きの英文法：時の表現』くろしお出版.

宮川幸久・林龍次郎(編)(2010)『要点明解 アルファ英文法』研究社.

中島平三（2011）『ファンダメンタル英語学演習』ひつじ書房. [7.5 節の FR]

Schwartz-Norman, Linda (1976) "The Grammar of 'Content' and 'Container'," *Journal of Linguistics* 12, 279–287. [7.1 節の FR]

高見健一・久野暲 (2006)『日本語機能的構文研究』大修館書店. [7.3 節の FR]

谷口一美 (2005)『事態概念の記号化に関する認知言語学的研究』ひつじ書房. [7.5 節の FR]

吉川洋・友繁義典 (2008)『入門講座 英語の意味とニュアンス』大修館書店. [7.2 節の FR]

由本陽子 (2005)『複合動詞・派生動詞の意味と統語』ひつじ書房. [7.6 節の FR]

由本陽子・小野尚之 (編) (2015)『語彙意味論の新たな可能性を探って』開拓社. [7.6 節の FR]

『広辞苑 第 6 版』(2008), 岩波書店.

第 8 章 (音韻論) の主要参考文献:

秋田喜美 (2017)『外国語にもオノマトペはあるか?』(国立国語研究所第 10 回 NINJAL フォーラムの冊子, 2017 年 1 月 21 日一橋大学一橋講堂に於いて).

Allen, Margaret (1978) *Morphological Investigations*, Doctoral dissertation, University of Connecticut.

Aronoff, Mark (1976) *Word Formation in Generative Grammar*, MIT Press.

Chapin, Paul (1970) "On Affixation in English," *Progress in Linguistics*, ed. by Bierwisch and Heidolph, 51–63, Mouton.

Fabb, Nigel (1988) "English Suffixation Is Constrained Only by Selectional Restrictions," *Natural Language and Linguistic Theory* 6, 527–539.

Giegerich, Heinz J. (1999) *Lexical Strata in English: Morphological Causes, Phonological Effects*, Cambridge Studies in Linguistics 89, Cambridge University Press.

浜野祥子 (2014)『日本語のオノマトペ:音象徴と構造』くろしお出版. [8.3 節の FR]

原口庄輔 (2000)「新・連濁論の試み」『先端的言語理論の構築とその多角的実証』(平成 11 年度 COE 形成基礎研究費研究成果報告), 715–732, 明海大学. [8.2 節の FR]

Hay, Jennifer and Ingo, Plag (2004) "What Constraints Possible Suffix

Combinations? On the Interaction of Grammatical and Processing Restrictions in Derivational Morphology," *Natural Language and Linguistic Theory* 22, 565–596.

今井むつみ（2017）『オノマトペはことばの発達に役立つか』（国立国語研究所第 10 回 NINIJAL フォーラムの冊子，2017 年 1 月 21 日一橋大学一橋講堂に於いて）.

筧寿雄・田守育啓（編）（1993）『オノマトピア：擬音・擬態語の楽園』勁草書房．[8.3 節の FR]

Kiparsky, Paul（1982）"Lexical Morphology and Phonology," *Linguistics in the Morning Calm*, ed. by The Linguistic Society of Korea, 3–91, Hanshin.

Kiparsky, Paul（1983）"Word-Formation and the Lexicon," *Proceedings of the 1982 Mid-America Linguistics Conference*, ed. by Frances Ingemann, 3–29, University of Kansas.

窪薗晴夫（1995）『語形成と音韻構造』くろしお出版．[8.1 節の FR]

窪薗晴夫（1998）「金太郎と桃太郎のアクセント構造」『神戸言語学論叢』創刊号，35–49.

窪薗晴夫（2017）『オノマトペの魅力と不思議』（国立国語研究所第 10 回 NINIJAL フォーラムの冊子，2017 年 1 月 21 日一橋大学一橋講堂に於いて）.

Mohanan, Karuvannur P.（1982）*Lexical Phonology*, Doctoral dissertation, MIT.

大津由紀雄（1996）『探検！ ことばの世界』日本放送出版協会.

Pesetsky, David（1985）"Morphology and Logical Form," *Linguistic Inquiry* 16, 193–246.

佐藤大和（1989）「複合語におけるアクセント規則と連濁規則」『日本語の音声・音韻（上）（講座日本語と日本語教育 第 2 巻）』，杉藤美代子（編），233–265，明治書院.

Selkirk, Elizabeth（1982）*The Syntax of Words*, MIT Press.

Siegel, Dorothy（1974）*Topics in English Morphology*, Doctoral dissertation, MIT.

Szpyra, Jolanta（1989）*The Morphology-Phonology Interface: Cycles, Levels and Words*, Routledge.

高橋勝忠（1987）「否定接辞に関する考察——un- 接辞のクラスについて」『福岡大学人文論叢』第 19 巻第 3 号，469–487.

高橋勝忠（1992）「語形成における名詞範疇条件」『英文学論叢』（京都女子

大学英文学会) No. 35, 53-75. [8.4 節の FR]

Takahashi, Katsutada (1992) "Adjective Category Condition in Word Formation," *Proceedings of the 5th Summer Conference 1991, Tokyo Linguistics Forum* (*TLF* 5), 181-194. [8.4 節の FR]

高橋勝忠 (2009)『派生形態論』英宝社. [8.4 節の FR]

高橋勝忠 (2014)「「〜中」の意味と連濁の関係について」『日本認知言語学会論文集』第 14 巻, 396-408.

高橋勝忠・福田稔 (2001)『英語学セミナー：思考鍛練のための言葉学』松柏社.

高橋直彦 (2010)「連濁に対する（見かけ上の）反例」,『東北学院大学教養学部論集』155, 55-68.

屋名池真 (1991)「〈ライマン氏の連濁論〉原論文とその著者について」百舌鳥国文第十一号.

吉村公宏 (2004)『はじめての認知言語学』研究社.

『広辞苑 第 6 版』(2008), 岩波書店.

『日本国語大辞典』(2006), 小学館.

第 9 章（語用論）の主要参考文献：

Austin, John L. (1962) *How to Do Things with Words*, Oxford University Press. [坂本百大(訳)(1978)『言語と行為』大修館書店]

Clark, Eve V. (1974) "Normal States and Evaluative Viewpoints," *Language* 50 (2), 316-332.

Grice, H. Paul (1975) "Logic and Conversation," *Syntax and Semantics* 3: *Speech Acts*, ed. by Cole and Morgan, 41-58.

Halliday, M. A. K. and R. Hasan (1976) *Cohesion in English*, Longman. [安藤貞雄ほか(訳)(1997)『テクストはどのように構成されるか』ひつじ書房]

橋内武 (1999)『ディスコース 談話の織りなす世界』くろしお出版.

服部四朗 (1968)『英語基礎語彙の研究』三省堂.

Hofmann, Th.R. and 影山太郎 (1986) *10 Voyages in the Realms of Meaning* (『10 日間意味旅行』), くろしお出版.

神尾昭雄 (1990)『情報のなわ張り理論：言語の機能的分析』大修館書店.

神尾昭雄 (2002)『続・情報のなわ張り理論』大修館書店. [9.3 節の FR]

久野暲 (1978)『談話の文法』大修館書店. [9.2 節の FR]

Lawrence Schourup・和井田紀子 (1988) *English Connectives*, くろしお出版. [9.1 節の FR]

Peccei, Jean Stilwell (1999) *Pragmatics*, Cambridge University Press, Cambridge.

Ross, John R. (1970) "On Declarative Sentences," *Readings in English Transformational Grammar*, ed. by R. A. Jacobson and P. S. Rosenbaum, Blaisdell.

佐久間鼎（1936/1951）『現代日本語の表現と語法』厚生舎.

高橋勝忠・福田稔（2001）『英語学セミナー：思考鍛練のための言葉学』松柏社.

高見健一（1997）『機能的統語論』（日英語対照による英語学演習シリーズ4）くろしお出版.

山梨正明（1986）『発話行為』（新英文法選書 12）大修館書店.

第 10 章（英語教育）の主要参考文献：

Akmajian, A. and T. Wasow (1975) "The Constituent Structure of VP and AUX and the Position of the Verb BE," *Linguistic Analysis* 1, 205-245.

Chomsky, Noam (1965) *Aspects of the Theory of Syntax*, MIT Press.

Crain, S. and M. Nakayama (1987) "Structure Dependence in Grammar Formation," *Language* 63, 522-543.

金谷憲・小林美音・告かおり・贄田悠・羽山恵（2015）『中学英語いつ卒業？：中学生の主語把握プロセス』三省堂.

粕谷恭子ほか（2016）『英語教員の英語力・指導力強化のための調査研究事業』<http://www.u-gakugei.ac.jp/~estudy/>

Krashen, S. D. (1982) *Principles and Practice in Second Language Acquisition*, Pergamon.

Krashen, S. D. (1985) *The Input Hypothesis: Issues and Implications*, Longman. [10.2 節の FR]

Miles Craven (2009) *Reading Keys* (Student Book 2, New Edition), Macmillan.

野村忠央・依藤道夫・永谷万里雄・野村美由紀，勝山裕之・菅野悟（2009）『［新版］一度は読んでおきたい名文から学ぶ　総合英語』DTP 出版.

Oshima, Alice and Ann, Hogue (2014) *Longman Academic Writing Series 3: Paragraphs to Essays*, 4th ed., Pearson Education.

Quirk, R., J. Svartvik, S. Greenbaum and G. N. Leech (1972) *A Grammar of Contemporary English*, Longman.

柴田美紀・横田秀樹（2014）『英語教育の素朴な疑問——考えるときの「思い

込み」から考える——』くろしお出版.

白畑知彦 (2012)「第2言語習得論から見た英語学習法」静岡大学国際交流センター第2回公開シンポジウム（平成24年11月17日）.

白畑知彦（編著），若林茂則・須田孝司(著)(2004)『英語習得の「常識」「非常識」：第二言語習得研究からの検証』大修館書店.

白井恭弘 (2011)「外国語学習の科学——SLA 理論からみた効果的な英語教育とは——」『九州国際大学国際関係学論集』第6巻第1・2合併号.

白井恭弘 (2012)『英語教師のための第二言語習得論入門』大修館書店. [10.3 節の FR]

杉山忠一 (1998)『英文法詳解』学習研究社.

Swain, M. (1985) "Communicative Competence: Some Roles of Comprehensible Input and Comprehensible Output in Its Development," *Input in Second Language Acquisition*, ed. by S. Gass and C. Madden, 235-253, Newbury House. [10.2 節の FR]

Swain, M. (1995) "Three Functions of Output in Second Language Learning," *Principle and Practice in Applied Linguistics: Studies in Honour of HG Widdowson*, ed. by G. Cook and B. Seidlhofer, 125-144, Oxford Univeristy Press.

高橋勝忠 (2013)「分かる英文法から使える英文法へ——文構造（単文・重文・複文）」*Essays and Studies* No. 58, 1-10.

高橋勝忠・福田稔 (2001)『英語学セミナー』松柏社.

Oxford Advanced Learner's Dictionary (2005), Oxford University Press.

第 11 章（形態論）の応用と展開の主要参考文献：

Allen, Margaret (1978) *Morphological Investigations*, Doctoral dissertation, University of Connecticut.

Aronoff, Mark (1976) *Word Formation in Generative Grammar*, MIT Press.

Carstairs-McCarthy, Andrew (2002) *An Introduction to English Morphology*, Edinburgh University Press.

Chapin, Paul (1970) "On Affixation in English," *Progress in Linguistics*, ed. by Bierwisch and Heidolph, 51-63, Mouton.

Chomsky, Noam (1965) *Aspects of the Theory of Syntax*, MIT Press.

Chomsky, Noam (1970) "Remarks on Nominalization," *Readings in English Transformational Grammar*, ed. by R. Jacobs and P. Rosenbaum, Ginn.

Fabb, Nigel (1988) "English Suffixation Is Constrained Only by Selectional Restrictions," *Natural Language and Linguistic Theory* 6, 527–539.

Halle, Morris (1973) "Prolegomena to a Theory of Word Formation," *Linguistic Inquiry* 4, 3–16.

伊藤たかね・杉岡洋子 (2002)『語の仕組みと語形成』研究社出版. [11.4 節の FR]

Jespersen, Otto (1942) *A Modern English Grammar on Historical Principles*, Part VI: Morphology, George Allen & Unwin.

影山太郎 (1993)『文法と語形成』ひつじ書房. [11.4 節の FR]

影山太郎 (1999)『形態論と意味』(日英語対照による英語学演習シリーズ 2) くろしお出版.

Kiparsky, Paul (1982) "Lexical Morphology and Phonology," *Linguistics in the Morning Calm*, ed. by The Linguistic Society of Korea, 3–91, Hanshin.

Kiparsky, Paul (1983) "Word-Formation and the Lexicon," *Proceedings of the 1982 Mid-America Linguistics Conference*, ed. by Frances Ingemann, 3–29, University of Kansas.

小林英樹 (2004)『現代日本語の漢語名詞の研究』ひつじ書房.

Lieber, Rochelle (1980) *On the Organization of the Lexicon*, Doctoral dissertation, MIT.

Lieber, Rochelle (1983) "Argument Linking and Compounds in English," *Linguistic Inquiry* 14, 251–285.

Lieber, Rochelle (1992) *Deconstructing Morphology: Word Formation in Syntactic Theory*, University of Chicago Press.

Marchand, Hans (1960) *The Categories and Types of Present-Day English Word-Formation: A Synchronic-Diachronic Approach,* Otto Harrassowitz, Wiesbaden.

Martin, Samuel (1975) *A Reference Grammar of Japanese*, Yale University Press.

成田義光・長谷川存古・小谷晋一郎 (1983)『発音・綴り・語形成』(講座・学校英文法の基礎 第1巻), 研究社出版.

西尾寅弥 (1961)「動詞連用形の名詞化に関する一考察」『日本語学』7: 5, 68–78.

仁田義雄 (代表) (2010)『現代日本語文法1』日本語記述文法研究会, くろしお出版.

小原真子 (2010)「接尾辞「-ぽい」について」『島根大学法文学部紀要言語文化学科編』29, 59-76.

大石強 (1988)『形態論』(現代の英語学シリーズ4) 開拓社.

Pesetsky, David (1985) "Morphology and Logical Form," *Linguistic Inquiry* 16, 193-246.

Radford, Andrew (2004) *English Syntax*, Cambridge University Press.

Ross, John Robert (1972) "The Category Squish: Endstation Hauptwort," *CLS* 8, 316-339.

Selkirk, Elizabeth (1982) *The Syntax of Words*, MIT Press.

Siegel, Dorothy (1974) *Topics in English Morphology*, Doctoral dissertation, MIT.

島村礼子 (1987)「語彙化について」『津田塾大学紀要』第21号, 99-119.

Strauss, Steven L. (1982) *Lexicalist Phonology of English and German*, Foris.

高橋勝忠 (1992)「語形成における名詞範疇条件」『英文学論叢』(京都女子大学英文学会)No. 35, 53-75. [11.2節のFR]

Takahashi Katsutada (1992) "Adjective Category Condition in Word Formation," *Proceedings of the 5th Summer Conference 1991, Tokyo Linguistics Forum (TLF* 5), 181-194.

高橋勝忠 (2009)『派生形態論』英宝社. [11.1節, 11.2節のFR]

高橋勝忠 (2011)「動詞連用形の名詞化とサ変動詞「する」の関係『英語英米文学論輯 (京都女子大学大学院研究紀要文学研究科英文学専攻)』第10号, 15-33. [11.4節のFR]

高橋勝忠 (2013)「語の語彙化と頻度に基づく一語化の違い」『言語学からの眺望 2013』, 福岡言語学会(編), 322-335, 九州大学出版会.

高橋勝忠 (2015a)「「-っぽい」の考察:「-っぽさ」と -ishness の関係について」『英語英米文学論輯 (京都女子大学大学院研究紀要文学研究科英文学専攻)』第14号, 33-49. [11.3節のFR]

高橋勝忠 (2015b)「接頭辞「大」について」『現代の形態論と音声学・音韻論の視点と論点』, 西原哲雄・田中真一(編), 61-77, 開拓社.

梅原敏弘 (2002)「日本語接尾辞「-っぽい」と英語接尾辞「-ish」の類似と相違について」『駒澤短期大学紀要』30, 415-431.

Williams, Edwin (1981) "On the Notions 'Lexically Related' and 'Head of a Word'," *Linguistic Inquiry* 12, 245-274.

『デジタル大辞泉』 (2009), 小学館.

『明鏡国語辞典』 (2002), 大修館書店.

索　引

1. 日本語はあいうえお順で示し，英語（で始まるもの）は ABC
   順で最後に一括してある。
2. 数字はページ数字を示す。

［あ行］

曖昧（性）　11-14, 55, 88-89, 141-
142
アウトプット　3, 56, 64-67
アステリスク（asterisk）　9, 100
アスペクト（aspect）　79, 102-105,
108-111, 117
アルフレッド大王（Alfred the
Great）　27
アングロ・サクソン 7 王国　26-27
暗示的知識（implicit knowledge）
11, 55, 64, 66, 68
依存節（dependent clause）　169
位置変化動詞　114, 118
イディオム　140
移動テスト（movement test）　53
移動動詞　118-119
意味の漂白化（semantic bleach-
ing）　109
入れ物句構文　96-98
インド・ヨーロッパ語族（Indo-
European）　24
インプット　56, 64-67
インプット仮説（Input Hypothesis）

3, 63-64
ウエッドモア（Wedmore）条約
27
右方移動　86
影響力（affectedness）　16
オーガスティン（St. Augustine）
26
オノマトペ　56, 129-133
音声学（Phonetics）　5
音節（syllable）　122-125
音調の句切り（pause）　85

［か行］

階層関係（hierarchical relation）
40, 49-51
外置変形規則　73
下位範疇化　120, 180-182
（厳密）下位範疇化素性（(strict)
subcategorization feature）　2,
40-41, 120, 133, 180, 187, 197,
200
会話の格率（the maxim of conver-
sation）　155
書き換え規則（rewriting rule）　58,

219

71, 80, 167-168, 176
格助詞の「が」と「を」　50
過去形　15, 18, 110-111, 176
過去時制（past tense）　46, 79
可算（名詞）　102-103
過剰生成　137
頭文字語（acronym）　34-35
カタカナ英語　124
学校文法　15, 69, 79, 108, 111-112, 165, 171, 175, 198
活動動詞　117-119
完結性　140
漢語動名詞　200
冠詞　71, 103
間接発話行為（indirect speech act）　152
完了（telic）　101-102, 117
完了形容詞　119, 120
完了相　79, 82, 105, 176
関連性理論　5
擬音語　130-132
記述的妥当性（descriptive adequacy）　14, 21
擬情語　132
擬声語　131
基体（base）　40-42, 180
擬態語　130-131
機能語　85, 109, 195
機能範疇（functional category）　76
機能論（Functionalism）　6
義務的（obligatory）　57, 70
脚韻　124-125
旧情報（old information）　11, 86

共感度（empathy）　144
共時的英語学（Synchronic English Linguistics）　1
強勢移動　42, 134-135, 190
協調の原則　5
強調の do　79
極小モデル（Minimalist Program）　9
切り取り規則　134, 138, 191-192
近代英語（Modern English）　29
クーイング（cooing）　55
句構造規則（phrase structure rule, PS rule）　70-74, 167-168
屈折言語（inflected language）　27
屈折語　2, 44
屈折接辞の水平化　28
屈折接尾辞（inflectional suffixes）　44-45
句動詞（phrasal verb）　113, 117
句排除の制約（No Phrase Constraint）　46
繰り返し的性質（recursiveness）　11, 70
（アイルランドの）ゲール語（Irish Gaelic）　24
（スコットランドの）ゲール語（Scots Gaelic）　24
繋辞（copula）　80, 82
形式意味論　4
継続　102, 104-107
形態的・音韻的変化（morpho-phonological change）　42-43, 134
形態的緊密性の原則（integrity

principle) 186

形容詞句 (adjective phrase, AP) 58, 75-76

形容詞範疇条件 (Adjective Category Condition, ACC) 187-188, 190-191

形容詞範疇条件の含意 188-190, 192

結果副詞 132

ケルト語族 (Celtic) 24

ゲルマン人 (アングロ・サクソン) 25-26

言語運用 (linguistic performance) 10

言語機能 (language faculty) 56

言語習得 (language acquisition) 56, 173

言語知識 (linguistic knowledge) 9-12

言語直観 (linguistic intuition) 9-11, 53

言語能力 (linguistic competence) 9-10

現在完了形 110-111

現在時制 (present tense) 18, 79

現代英語 (Present-day English) 29

限定詞 (Det) 71, 172

語彙音韻論 (Lexical Phonology) 5, 134-135

語彙化 (lexicalization) 2, 194
　意味的語彙化 190, 193-194, 197-198, 202
　音韻的語彙化 42, 190, 193, 201

形態的語彙化 42
　頻度に基づく語彙化 202

語彙概念構造 (Lexical Conceptual Structure) 5, 117

語彙的アスペクト 140

語彙的名詞 181, 197, 201

語彙範疇 (lexical category) 76, 180-182

項 (argument) 57, 70

行為の完了 (completion) 117

行為の継続 (duration) 117

行為連鎖 (action chain) 114

構成素 (constituent) 53-54, 167

合成的 (compositional) 43, 196-198, 202

拘束形態素 (bound morpheme) 44, 181

後部後部省略 33

後部省略 33

項結び付けの原理 (Argument-linking Principle) 184

古英語 (Old English) 27, 79

語幹 (stem) 135

国際的志向性 (international posture) 61

黒死病 (＝ペスト) (the Black Death) 29

語形成規則 (Word Formation Rule, WFR) 2, 187

語順 (word order) 56, 140

語に基づく形態論 (Word-based Morphology) 181

古ノルド語 27-28

5 文型 69-70, 164

個別言語 (particular language) 55

個別文法 (particular grammar) 56, 168

コミュニケーション能力 (communicative competence) 49, 68

根源法助動詞 (root modal) 77

混成語 (blend) 33-34, 124

痕跡 (trace) 4, 81-83, 86-89

コンテクスト (文脈) 9, 53, 140

コントロール理論 11

[さ行]

～さ 195-197

再帰代名詞 89-90

最終節点 188-189

サ変動詞の「する」 132, 198, 200

左方移動 87

子音 (consonant) 122-124, 158

子音重複 (gemination) 158

使役・起動交替 (causative/inchoative alternation) 17

使役他動詞 18, 118-119

指示代名詞 71

辞書 (lexicon) 2, 41

辞書的意味 140

時制 (Tense) 79-80, 108, 110-111, 176

自然順序仮説 (The Natural Order Hypothesis) 64, 68

自他交替 18, 115, 119

視点 (viewpoint) 139, 143-147

視点の同化 (identification) 144

視点ハイアラーキー 144-145

自動化理論 63-64

自動詞 72, 112-114

借用語 (loan word) 29

従位接続詞 (subordinating conjunctions: SC) 160-161, 164-166, 168-169

自由形態素 (free morpheme) 44

従属節 165-166

習得学習仮説 (The Acquisition-Learning Hypothesis) 64

重文 (compound sentence) 163-166

重名詞句移動 (heavy NP shift) 83, 86-87

樹形図 (tree diagram) 58, 70, 166

主語・助動詞倒置 (subject-auxiliary inversion, SAI) 1, 78, 80, 173, 176-177

種固有性 (species-specificity) 49

主題 (theme) 57

述部 (predicates) 70

出力 (output) 56 →アウトプット

受動態 16-17, 113, 144

受動態の視点ハイアラーキー 144-145

首尾一貫した (coherent) 140

主要部 (head) 39, 58, 76-77, 182, 186

主要部先頭言語 (head-first language) 58, 76

主要部末尾言語 (head-last language) 58, 76

情意フィルター仮説（The Affective Filter Hypothesis） 64
状況重視型（situation focus） 19
状況的意味 140
状態動詞 17, 107-109
状態変化動詞 114, 118, 120
情報のなわ張り理論（A Theory of Territory of Information） 6, 147-151
省略解答テスト（elliptical answer test） 53
省略語（clipping） 33-34
初期近代英語（Early Modern English） 29
助動詞（Auxiliary） 4, 77-81, 175-176
助動詞縮約（Auxiliary Reduction, AR） 4, 82-85
所有代名詞 89, 91
〜じん（人） 199
進行相 79, 82, 105, 176
新情報（new information） 11, 86
身体部位所有者上昇交替（body-part possessor ascension alternation） 17, 19-20
浸透の規約（percolation convention） 187
心理動詞 115
遂行動詞（performative verbs） 153
遂行文（performative sentences） 153-154
〜する 199-203
スル型動詞 100-103, 117-118

生成文法（generative grammar） 9, 46, 74, 78-79, 165, 175
生得性仮説（innateness hypothesis） 56
制約（constraint） 4, 87
節（clause） 164-165
接辞（affix） 2, 40-41, 176, 180
接頭辞（prefix） 40, 182, 186
接尾辞（suffix） 40, 182, 186
先行（precede） 4, 91-92
全体解釈（holistic interpretation） 96-97
前置詞句（prepositional phrase, PP） 58, 70, 73, 75-76, 103, 163
前部後部省略 33
前部省略 33
早期英語教育 61
総称（generic） 18
促音 123, 131
束縛理論 11

［た行］

第二言語習得（second language acquisition, SLA） 3, 60-61, 170
　指導を受けた第二言語習得（instructed SLA） 3, 60
　生活の中で自然に身につける第二言語習得（natural SLA） 3, 60
大母音推移（Great Vowel Shift） 30
代用テスト（proform test） 53
打撃・接触動詞 119

他動詞　71, 112-114
他動性（transitivity）　16, 20
単文（simple sentence）　163-166
談話（discourse）　140
中英語（Middle English）　28
中間構文（middle construction）　17-18
中部省略　33
長音　124
頂点（peak）　123-124
直接発話行為（direct speech act）　152
通時的英語学（Diachronic English Linguistics）　2
つなぎ語（connective）　140-142, 164
〜っぽい　194-197
デーンロー（Danelaw）　27
定項（constant）　76
〜ている　105-109
出来事・事態（event）　18, 102, 114, 117-118, 142
デキゴト名詞　11, 59, 200
転換（＝ゼロ派生）　79, 183-185, 191-193, 202
等位構造（coordinate structure）　87, 90-91
等位構造制約（Coordinate Structure Constraint）　87-88
等位節　165-166
等位接続詞（coordinate conjunction: cc）　164-166, 168-170
同一人物である（coreferential）　90-91

等位テスト（coordination test）　53
頭韻　124-125
同化（assimilation）　134
統御（command）　4, 91-92
道具的動機づけ（instrumental motivation）　61-62
統合的動機づけ（integrative motivation）　61-62
動作主（agent）　57, 114
動詞移動　1
頭子音（onset）　123-124
動詞句（verb phrase, VP）　58, 71
動詞句削除（VP Deletion）　83
動詞句副詞（VP adverb）　12-14
動詞由来複合名詞　200
動能構文（conative construction）　17, 20-21, 119-120
動名詞（verbal noun）　198-199
透明な（transparent）　43
特殊モーラ　123

［な行］

内容語　85, 109, 195
中身句構文　96-98
ナル型動詞　100-103, 118
喃語（babbling）　55
二項枝分かれ（構造）　41-42, 190, 196-197
二項対立的　4
二分枝仮説（binary branching hypothesis）　41-42, 75
2モーラの原則　35

索引　225

入力（input）　56　→インプット
〜にん（人）　199
任意的（optional）　57, 70
人間重視型（person focus）　19
認識様態法助動詞（epistemic
　modal）　78
人称代名詞　89-90
認知意味論　4, 91
能格動詞（ergative verb）　18
能動受身動詞（activo-passive
　verb）　17
ノルマン征服（Norman Conquest）
　28
ノルマンディー（Normandy）　28

[は行]

バイキング（＝デーン人）　27
バイリンガル　60
場所格交替（locative alternation）
　96
派生語　2, 183-194, 197-198
派生接頭辞　45
派生接尾辞　44-45
働きかけ動詞　115, 118
撥音　124, 126, 131
発語行為（locutionary act）　153-
　154
発語内行為（illocutionary act）
　153-155
発語媒介行為（perlocutionary act）
　153-155
発話行為（speech act）　152-154
発話当事者の視点ハイアラーキー

144-145
話し手・聞き手　5-6, 139-140,
　146, 148-151
ハロルド2世（Harold II, 1019-
　1066）　28
範疇（＝品詞）　3, 41, 52, 180
範疇を変化させる（させない）接頭
　辞・接尾辞　182
比較構文削除（Comparative Dele-
　tion）　83
非合成的（non-compositional）
　196-198, 202
尾子音（coda）　123-124
非時制文（＝非定形節）（nonfinite
　clause）　165
非状態動詞（動態動詞）　109, 111
非対格動詞（unaccusative verb）
　118
否定制限　136, 194
非等位構造（non-conjoined struc-
　ture）　91
非能格動詞（unergative verb）　18,
　118
非文法的な文＝非文（ungrammati-
　cal sentence）　9, 21, 100
百年戦争（1337-1453）　29
標準理論（Standard Theory）　9,
　11, 58, 166
不可算（名詞）　102-103
付加詞（Adjunct）　57, 201
複合語　2, 183-187, 190
複合動詞　116
複合名詞句（Complex NP）　87
複合名詞句制約（Complex Noun

Phrase Constraint) 87-88
副詞類（Adverbial） 70
複文（complex sentence） 163-166
不適格な（ill-formed） 9, 187
不透明な（opaque） 42
普遍的な原則（universal principle）
42
普遍文法（universal grammar,
UG） 3, 51, 56, 76, 168
部分解釈（partitive interpretation）
96-97
ブルトン語（Breton） 24
プロトタイプ理論 4
文主語制約（Sentential Subject
Constraint） 87-88
文副詞（S adverb） 12-14
文法化（grammaticalization）現象
109, 195
分裂文（＝強調構文） 53
ヘイスティングズ（Hastings）の戦
い 28
ボアディケア（Boadicea） 25
母音（vowel） 122-124, 158
法助動詞（modal） 78-79, 82, 176
母語（native language） 48, 54, 60
母語獲得（＝第1言語習得） 3, 48,
51, 55, 60
補部（complement） 57, 70
補文標識（Complementizer） 72
ポライトネス 5

[ま行]

マグナ・カルタ（＝大憲章） 29

未完了（atelic） 101-102, 117
右側主要部の規則（right-hand
head rule） 2, 36-38, 180, 187,
190
無声音（voiceless sound） 158,
163
無標の（unmarked） 92-93
名詞句（noun phrase, NP） 58,
71-75, 90, 161-162, 171-177
明示的知識（explicit knowledge）
11, 55, 64, 68
名詞範疇条件（Noun Category
Condition, NCC） 187-188,
190-194, 201-203
名詞範疇条件の含意 188-190,
192, 194, 201-202
命題（proposition） 154
モーラ（拍） 122-125
黙字（silent letter） 158
モダリティ 109
モニター仮説（The Monitor
Hypothesis） 64
モノ名詞 11, 59, 200

[や行]

優位関係（primacy relation） 92
有声音（voiced sound） 158, 163
有標の（marked） 92-93
〜よう（用） 199
拗音 123
様態副詞（manner adverb） 12,
100, 131
容認(可能)性（acceptability） 10,

50, 92, 116, 143

[ら行]

ライマンの法則　128
ライム（＝脚）　124
理解可能なインプット（compre-
　hensible input）　64-65, 67
ルーン文字　26
ル形（＝辞書形）　108
ルネッサンス（＝文芸復興）　29
レベル 1・2 接辞　43, 133-137,
　193
レベル順序付け仮説（Level
　Ordered Hypothesis, LOH）　43,
　133-137, 187, 190
（レベル）順序付けパラドックス
　135-137
レベルの二重性　135-136
連合王国（the United Kingdom）
　24
連濁　126-128, 201-202

[英語]

(ab)normal state　140
ACT　117
ACT ON　118
AET (Assistant English Teacher)
　63
ALT (Assistant Language
　Teacher)　63
Angles　26
AN 条件　183

BE AT　118
BECOME　120
be 動詞　171, 177
be-shift　80-82
COCA (Corpus of Contemporary
　American English)　161
D 構造　88-89
do-support　2, 80
Duke William (1027-1087)　28
EN/ING Hopping　80
GB 理論（原理とパラメータのアプ
　ローチ）　9, 11, 75
Geoffrey Chaucer (1342-1400)
　29
have-shift　81
IS A Condition　2, 36-38
lexicon（辞書）　2, 41
Noam Chomsky (1928-)　8-11,
　56, 58, 70, 74, 79, 176, 180
Sir William Jones (1746-1794)
　24
S 構造　88-89
St. Augustine　26
The NP Host Condition　83
wanna の縮約（contraction）　88
wh（句）移動（wh-movement）　4,
　82-83, 86-87
wh-in-situ　88
William Caxton (1422-1491)　29
William Shakespeare (1564-1616)
　1, 29
X-bar theory（X バー理論）　11,
　58, 75
X-ishness　197-198

高橋　勝忠　（たかはし　かつただ）

　1954 年　大阪生まれ。立命館大学文学部卒業。甲南大学大学院人文科学研究科博士課程中退。文学（修士）。福岡大学人文学部助教授を経て、現在（2017年）、京都女子大学文学部・文学研究科教授、京都女子大学文学研究科委員長。京都女子大学英文学会会長。University of Essex（2003 年-2004 年）在外研究。

　著書：『英語学用語辞典』（荒木一雄編，三省堂，分担執筆，1999），『英語学セミナー：思考鍛練のための言葉学』（松柏社，共著，2001），『派生形態論』（英宝社，単著，2009），『日英対照　名詞の意味と構文』（影山太郎編，大修館書店，共著，2011），『形態論』（漆原朗子編，朝倉日英対照言語学シリーズ 4，朝倉書店，共著，2016）などがある。

　論文：“The Relation between Number Agreement and Auxiliary Reduction”（*Descriptive and Applied Linguistics*, Vol. XX, 179-190, 1987），“Adjective Category Condition in Word Formation”（*Proceedings of the 5th Summer Conference 1991, Tokyo Linguistics Forum*, 181-194, 1992），「〜中の意味と連濁の関係について」（『日本認知言語学会論文集』第 14 巻，396-408，2014）などがある。

英語学を学ぼう
──英語学の知見を英語学習に活かす──　　　＜開拓社　言語・文化選書 69＞

2017 年 10 月 22 日　第 1 版第 1 刷発行

著作者　　高　橋　勝　忠
発行者　　武　村　哲　司
印刷所　　日之出印刷株式会社

発行所　　株式会社　開　拓　社

〒113-0023　東京都文京区向丘 1-5-2
電話　（03）5842-8900（代表）
振替　00160-8-39587
http://www.kaitakusha.co.jp

ⓒ 2017 Katsutada Takahashi　　　　　　　ISBN978-4-7589-2569-3　C1380

JCOPY　＜（社）出版者著作権管理機構　委託出版物＞
本書の無断複写は著作権法上での例外を除き禁じられています。複写される場合は、そのつど事前に、（社）出版者著作権管理機構（電話 03-3513-6969，FAX 03-3513-6979，e-mail: info@jcopy.or.jp）の許諾を受けてください。